# 教子兵法
## Smart Parenting

周铁刚 闫 格 著

BILLSON International Ltd.

Published by
**Billson International Ltd**
27 Old Gloucester Street
London
WC1N 3AX
Tel:(852)95619525

Website:www.billson.cn
E-mail address:cs@billson.cn

First published 2025

Produced by Billson International Ltd
CDPF/01

ISBN 978-1-80377-121-2

©Hebei Zhongban Culture Development Co.,Ltd All rights reserved.

The original content within this product remains the property of Hebei Zhongban Culture Development Co.,Ltd, and cannot be reproduced without prior permission. Updates and derivative works of the original content remain the property of Hebei Zhongban. and are provided by Hebei Zhongban Culture Development Co.,Ltd.

The authors and publisher have made every attempt to ensure that the information contained in this book is complete, accurate and true at the time of printing. You are invited to provide feedback of any errors, omissions and suggestions for improvement.

Every attempt has been made to acknowledge copyright. However, should any infringement have occurred, the publisher invites copyright owners to contact the address below.

Hebei Zhongban Culture Development Co.,Ltd
Wanda Office Building B, 215 Jianhua South Street, Yuhua District, Shijiazhuang City, Hebei province, 2207

有幸成为周老师的学生，在出国留学前受老师的点拨，锻炼自己的自信心和毅力，并在留学期间获得许多荣誉。

看到越来越多留学家庭出现家庭问题，我深刻意识到——金钱并不是收获幸福家庭的方法！非常希望这本书被更多人看到！

——UCI加州大学尔湾分校　金渡云

从前我的世界很小，小到只有自己，但是现在我的世界很大，装了更多更多的人……周老师打开了我这个小镇做题家的格局，让我知道，人活着不只是为了自己，要找到自己真正喜欢并且可以做一辈子的事、有价值的事。

——北京外国语大学　王曦

十一年前，懵懂迷茫的我有幸遇到了周老师，在一次次游学中，坚定了自己的人生目标，制定了清晰的学业规划。如今，已考入理想大学的我，更加有幸成为《教子兵法》的第一批读者。我愿将这本书推荐给更多有需要的家庭，帮助家长和孩子共同进步！

——瑞士洛桑大学　范家君

生命中的有些人就像是明灯一般的存在，曾经我也有过迷茫，但关关难过关关过，长路漫漫亦灿灿。很荣幸在我懵懂无知的时候遇到了周老师，照亮了我前进的动力，愿努力的我们都能遇见人生的名师和更好的自己。

——悉尼大学　尹思琪

"先要观世界，方有世界观。"周老师引领的深入城市游学，让我意识到自己生活在狭小的舒适圈里。他让我明白，只有走出舒适圈，才能看到更广阔的世界。

愿这本书能为万千青少年家庭提供价值，帮助更多的家长正确引导孩子"抬头看天，低头看路"，帮助孩子在探索中找到自己的方向！

——悉尼大学　刘凌萱

在教育孩子的过程中，我们总有太多不知所措的时刻。我也曾因孩子痴迷游戏、不爱学习、青春期情绪不稳定而焦虑。看完周老师和格格老师的《教子兵法》，我突然感到无比轻松，也坚信自己能够培养出心态阳光、品行兼优的好孩子。

——吉林松原　尹钧卓妈妈

2018年与周老师结缘，当时无助的我仿佛在漂泊的大海中找到了一叶扁舟，现在看到这本《教子兵法》，我相信更多的家长和孩子都会从中受益！

——吉林长春　徐渤然妈妈

市面上有太多家庭教育类的图书，我们花费许多时间读完一本也只能解决某个阶段的问题，感觉学习的速度永远比不上孩子成长的速度。特别希望能有这样一本教子书——内容丰富、篇幅简短、实操性强。《教子兵法》做到了！

——江苏徐州　李清泉妈妈

# 序言1

## 我们要培养的,是全面发展的人

写下这篇序言时,西安游学刚刚结束。至此,老师站在家庭教育的舞台上已经整整24年了。

这次来到西安的,有不少我的老学员。他们有的已经家庭美满、事业有成,有的刚刚拿到理想大学的录取通知书。还有许多跟随我不久的孩子,也顺利找到梦想、进入轨道。其中,两个女孩令我印象最深:

一个女孩高一,16岁。刚来的时候,她总是低着头,从不主动和任何人交流。说起话来轻声细语,无论问什么问题,她的回答都是"也行",或者是"我不确定"。可在西安游学的最后一天,她用语气坚定、充满激情的梦想演说震惊全场,成了现场票选出来的演说冠军。她的妈妈感慨地说:"真是太神奇了,才短短21天孩子就变得这么阳光自信。果然是身体的成长点点滴滴,心灵的成长一日千里!"

另一个女孩12岁,小升初。2023年冬天,刚来到我身边的她174斤,脾气暴躁、成绩倒数,是老师同学眼中的反面教材。不到一年时间,瘦身成功的她以优异成绩进入初中,而且一开学就凭借在《少年军校》锻炼的领导能力以及流畅清晰的队列口令,获得了军训教官的肯定,负责指导女生练习。现在的她，内心强大、情绪稳定、独立自律，不仅成为了全体同学榜样，还获得了校长的高度赞誉。

周老师这里不补文化课、不卷学习成绩，却通过"梦想游学"和"少年军校"双轮驱动，让孩子们发光、绽放，变得快乐、强大和自信。我们培养的每一项能力和素养，不仅能让孩子们赢在高考，更能让他们在未来社会立于不败之地。

然而，大部分父母都是因果思维，以为好成绩才能拥有好未来。殊不知，有多少在高考中大获全胜的孩子，最终在人生的挑战中败下阵来。

我们都听过一句话——笑到最后的人才是真正的赢家。

那些胜利者的父母都具备果因思维。他们不局限于起点时的短暂领先，不纠结于沿途微小胜败的得失，更不将子女的未来片面地寄托于名校光环与高薪职位的表象之上。他们深知，教育的真谛，是赋予孩子无论时代如何变迁，都能自信站立、勇敢前行、优雅生存的能力。

因此，我们要培养的，不仅是有知识、有职业、会工作的人，更要培养出有梦想、有个性、有责任、有情怀、热爱生命、热爱祖国、热爱体育、热爱科技、热爱创造的，全面发展的人。而这些，需要父母们持续学习，和孩子共同成长、双轮驱动才能实现。

愿此书成为一盏明灯，引领每一位父母踏上智慧养育的旅程。

周老师<br>2024 年 8 月 15 日

# 序言2

## 很幸运，我们遇到了周老师

2014年3月，17岁的我发了一条朋友圈：我只是一个很平凡的女孩，只想过一种很平凡的生活，有一个很平凡的工作，爱一个很平凡的人，有一段很平凡的感情，得到很平凡的幸福，然后安安稳稳度过很平凡的一生。我知道我是个没有追求的人，但我真的不知道什么才是值得我追求的。

2024年2月，27岁的我发了一条朋友圈：很开心，有越来越多的人看到我的书，并从中收获美好、得到治愈。这本《你是人间善与光》是我送给自己的人生礼物，创作的过程中，我就曾一次次被它温暖和净化。现在，我也把它分享给大家。愿每一个读到这本书的人，都能成为自己喜欢的样子，一生明朗，在热爱里闪闪发光！

十年前的我无法想象，此刻，我正坐在翠湖边的咖啡馆里，吹着湖畔微风、听着鸟雀欢鸣，为自己的第二本书作序。那个没有追求的我，竟然活成了坚持梦想的少数人。

我妈妈也没有想到，她想尽办法把我骗进周老师的课堂，真的会改写我一生的命运。

那个时候，每次有人问我妈，为什么花这么多钱给孩子报课？她都会回答："因为我女儿教育失败了，不想我儿子也失败。"我听后总不大高兴，终于有一次忍不住问她："我到底有多失败呢？"

她说，失败的不是孩子，而是父母。以前她总觉得，身为优秀教师一定能教育好孩子，现在才明白，教育孩子是需要终身学习的。孩子的成长只有一次，不是每个孩子都像我那么幸运，能在出了问题以后遇见周老师。

我说："也不是所有父母都像你一样，在遇到周老师时义无反顾地相信，在没看到结果时无怨无悔地坚持。"

大部分父母都像我妈之前一样，按照老一辈或者自以为正确的方法教育孩子，直到被"青春期"折磨得怀疑人生、逼到走投无路，才肯承认自己教育失败，然后到处"苦寻良方"，生怕留下难以弥补的人生缺憾。

只可惜，真正寻到良方的人寥寥无几。

进入社会以后，我见到了太多"不懂事"的成年人。他们不能很好地适应社会，缺乏学习能力、抗压能力、自理能力、为人处世能力、情绪把控能力。也见过太多"过于懂事"的人，年少时的经历让他们活得小心翼翼，内心的创伤可能一辈子都无法痊愈。还有太多人像极了十年前的我，因为不知道自己想要什么，只能做个碌碌无为的普通人……

大家不妨先对号入座，看看这本书中提到的"20个青少年成长常见问题"，你和你的孩子占了几个：

厌学　迷恋电子设备　晚睡　沟通

拖延　躺平　叛逆　早恋　性　欺凌

说谎　虚荣　情商　内向　否定

自卑　自闭　抑郁　自残　轻生

不过,请大家不要担心。因为从现在开始,你的上述困扰,都将在《教子兵法》中,得到周老师的科学、有效解答。恭喜啦!读到这本书的你,和我一样幸运!

格格老师

# 目录

第 1 计　一个月让厌学的孩子爱上学习 \ 01
第 2 计　孩子沉迷电子设备？三招帮你搞定！\ 23
第 3 计　教你3招，轻松撂倒晚睡娃 \ 31
第 4 计　家长与老师沟通的三大法宝 \ 37
第 5 计　神仙方法，终结拖延症 \ 43
第 6 计　孩子躺平、放弃学习，3招让你危机变转机 \ 49
第 7 计　孩子说谎，教你科学引导 \ 57
第 8 计　孩子虚荣别焦虑，两招让他做自己 \ 63
第 9 计　叛逆的孩子很难管教，智慧的父母一招让你见效 \ 69
第 10 计　孩子早恋不可怕，正确引导好处大 \ 75
第 11 计　孩子性教育时间表，父母一定要看 \ 81
第 12 计　如何防止校园欺凌，从源头解决更有效 \ 91
第 13 计　孩子情商低比成绩差更可怕 \ 97
第 14 计　发挥内向性格的竞争力 \ 103
第 15 计　自我否定是抑郁的开始 \ 109
第 16 计　克服自卑，提升自信的三大方法 \ 115
第 17 计　自闭干预，父母三大必修课 \ 121
第 18 计　少年抑郁症，父母需要补的养育课 \ 127
第 19 计　提前发现孩子的"非自杀性"自残行为 \ 133
第 20 计　孩子轻生怎么办？两招力挽狂澜！\ 141

后记 \ 148

# 第1计

## 一个月让厌学的孩子爱上学习

周老师说：厌学就是对学习文化知识产生了负面情绪，甚至引发一系列负面行为。这种行为既包括逃学、不听课、不做作业、顶撞老师等直接行为，还包括一提到学习就会感觉身体不适、心理厌烦的间接行为。

### 教子兵法

孩子在厌学前的三个基本症状：

1. 抵触作业。对做作业有抱怨、畏难情绪，一写作业就磨磨蹭蹭、拖拖拉拉；

2. 逃避学习。看到书就立刻走得远远的，坐在书桌前总是心不在焉、坐立难安，想方设法逃避上学、逃避补课；

3. 暴躁易怒。频繁说负能量的话，情绪不稳定，容易和父母、老师发生冲突。

## 原因和方案

### 一、因为难

的确存在一部分孩子在学习方面资质偏弱，这就需要父母们了解自己孩子的先天属性，比如五行属性：

仁（木）：有则宽仁博爱，无则高高挂起；

义（金）：有则正直敢为，无则罔顾道义；

礼（火）：有则谦恭友善，无则不明事理；

智（水）：有则睿智聪颖，无则资质平平；

信（土）：有则言出必行，无则口不应心。

如果孩子天生水元素弱，学习自然就有些吃力。试想，这个时候学校老师会怎么看他？同学又会怎么看他？大家难免会觉得奇怪，他居然连这么简单的问题都答不出来。那父母又会怎么去看呢？十有八九，也是同样的感觉。

由于老师、同学和父母总拿异样的眼光看他，还使用锋

## 第 1 计 一个月让厌学的孩子爱上学习

利带刺的话语去嘲讽、贬低他，导致孩子的自尊心受到严重打击，对学习也渐渐失去了信心。

孩子已经出现厌学情绪，当务之急肯定不是补习，而是要重建孩子对学习的自信心。

周老师建议，可以选择一门孩子相对擅长的学科，再从某一个点开始入手突破。比如，英语单词、数学口算、语文诗词背诵等等。一旦成功，父母就给他一个隆重的庆祝仪式，可以是一家人吃顿大餐，也可以是一次短途旅行，让他不断体会到学习带来的成就感，意识到学习是如此简单，从而建立"我能学好"的信心，重拾学习的兴趣和动力。

从事青少年教育20余年，老师用"各个击破法"激活了许多学渣。比如这个孩子，各科成绩都不理想，要想在一年半的时间提升280分极其困难。在制定出整体规划后，老师发现，他在英语科目要提升的分数最少，最容易达成目标，于是决定以英语为突破口，制定详细的提分计划和奖惩机制。为了获得想要的奖励，他努力做到了英语成绩达标，借着这个兴奋劲儿，我们又制定出数学提分计划和新的奖惩机制。

## 教子兵法

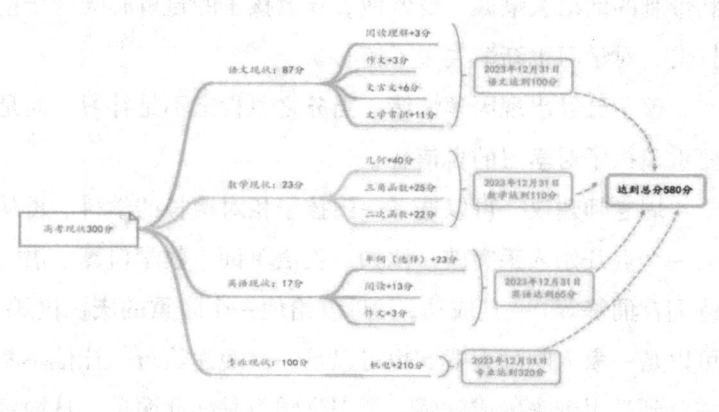

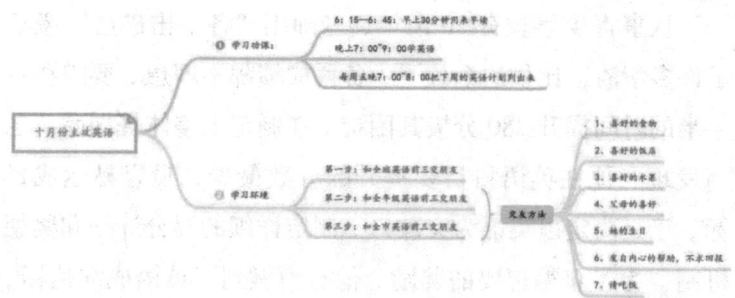

经过15个月的跟踪辅导，期间，根据实际情况，及时为他调整心态和"作战方案"，终于，他在四模之前达成了全部目标，并以573的成绩，顺利考入了合肥工业大学。

需要注意的是，在这个过程中，除了周老师的指导和孩子自身的努力之外，家长的配合也必不可少。

很多时候，不是孩子不想学习，而是家长在不认可和比较中，给孩子贴上了"学了也是白学""反正谁也考不过"

## 第 1 计　一个月让厌学的孩子爱上学习

的标签。这种负能量的标签会一直伴随着孩子的成长，阻碍着孩子的喜悦、自信和创造力，直到这个标签被撕去！

老师的一位朋友，两口子都是中科大经济学博士，可谁也没想到，他们的孩子竟然成绩一塌糊涂。尤其在上了初中以后，次次年级倒数。朋友说："一对一补课的钱花了不少，压力给了不少，鼓励的话也说了不少，结果成绩没见提升，亲子关系反倒还紧张起来。现在，我们俩实在是没辙了。"

去年暑假，他们停了补课班，带孩子过来参加游学。活动中，我发现这个孩子有不俗的音乐天赋，一提到音乐，她的眼睛就放光。后来在课堂上，我给了她一次展示的机会，果然惊艳了全场。她的父母对此十分惊讶，因为他们从来都没想过，用学习成绩以外的方式去看待、评价孩子。

回到家后，我又建议他们从音乐入手，修复亲子关系——鼓励孩子参加学校的音乐比赛，大小活动都找机会登台。虽然唱歌占用了不少补课时间，但一学期后，反倒传来了孩子成绩进步的好消息。

**其实，每个孩子都带着个性而来。**

**父母只有细心发掘并呵护孩子的独特性，不被学科成绩或他人的光环所左右，才能激发出自己孩子的优势、建立起他们对学习的兴趣和信心，从而迁移到其他学科、领域的学习当中。**

只可惜，很多自身优秀的父母往往认为自己有能力引导孩子，出现问题时，也不会第一时间认识到，是自己的教育方式有误，反而将责任推给孩子："这孩子真是一点也不像我，怎么这么笨，这么吃不了苦啊！"最后不但摧毁了孩子的自信，更会跟孩子的心越来越远。

还有一些普通家长，由于自己吃过学历上的亏，不想让孩子重蹈覆辙，就拼命逼迫孩子学习。家、教室、补课班三点一线，让孩子没有半点喘息之机。成绩稍有下降，他们又将自己的愤怒和不甘通通发泄到孩子身上，逼得孩子在日复一日的重压之下，产生反抗或抑郁心理。

这也就是为什么，老师常说：孩子是父母的一面镜子。

**孩子既不是你人生的复制品，也不是你用来完成自己遗憾的工具。他的生命有自己独特的韵味，放下焦虑，寻找并发挥他的生命闪光点才是为人父母的第一天职。**

## 二、因为烦

我们都听过一句话，叫"不能输在起跑线上"。就是这句话，把孩子们坑惨了。

从幼儿园开始，家里有点条件的父母们就纷纷想尽办法，用兴趣班填满孩子的玩耍时间。上学后，随着对孩子成绩的要求逐渐提高，兴趣班一点点被补课班所取代，孩子们还没开始享受童年，就彻底失去了快乐和自由。

我曾在机场候机时，听见一位妈妈给四五岁的儿子讲故事。她一本接一本讲得嗓子都哑了，可孩子却目光呆滞，显然早就听烦了。

**父母们一味地揠苗助长，厚重的期望压得孩子透不过**

## 第 1 计 一个月让厌学的孩子爱上学习

气,这些压力导致孩子厌学更早、弃学更多、复学更难,小小年纪就对知识产生了厌倦和抗拒。

对孩子来说,未来两个字太过遥远和空洞,他们不明白父母的"为之计深远",只知道自己没有了想要的空间和自由。

随着父母和学校老师给的压力越大,孩子们心里就越烦,情绪就越差。"这些知识当下用不到,未来又不见得能用到,勤学苦读真的有意义吗?""烦死了,学到啥时候是个头?"想到这,也就离放弃不远了。

周老师建议,当孩子因为烦,因为心理压力产生厌学情绪或做出厌学行为时:

第一,停止对孩子的负面评价。

临床心理学中,有一个概念叫做"隐形精神暴力"。经常收到父母负面评价的孩子,自信心和安全感很可能被摧毁得一塌糊涂。所以,请父母们一定要"管住嘴",少评价、多倾听。哪怕孩子说"我不想上学了,我要去种地"也没关系。只有让他把不良情绪宣泄出来,你才能够了解他的真实想法。而了解,恰恰是重建亲子关系和增强信任的第一步。

第二,停止对孩子的唠叨。

要想尽一切办法,找到跟孩子的共同爱好,哪怕是打游戏。通过共同爱好,找到共同话题,以平等的姿态跟孩子交流交心,以朋友的身份重新走进孩子心里。

第三,停掉所有的课后班。

如果我们把学校教育比作正餐,补课对孩子来说就是加餐。现在,孩子已经出现了厌食、消化不良的情况,我们肯定不能再给他加餐,否则问题只会越来越严重。不妨告诉孩子:"从今天开始,咱们只要完成学校的课业内容,会做基础题就可以了。"用最直接的方式,为孩子缓解心理压力,降低孩子的厌学情绪。

"周老师,我一直很重视孩子的教育。孩子刚会说话时,我就开始教她背《三字经》、背唐诗宋词,她的记忆力非常好,我读几遍她就全都记住了。上了幼儿园,我又送她学国学、舞蹈、画画、钢琴,身边的家长人见人夸,都说她以后绝对错不了。可后来我发现她变得不爱说话了,也不跟其他小朋友玩,经常一个人写写画画。小学时她的成绩还挺好的,上了初中学习就越来越吃力。我现在班也不上了,每天看着、陪着、骂着,一大堆课给她补着,可她总有畏难情绪,动不动就哭。唉,她崩溃,我也崩溃啊!"

这是一位听过我直播课的妈妈,写下的后台留言。

一个孩子,从咿呀学语开始,她的大脑就被知识占据,或许可以取得短期优势,但也错过了培养抗挫能力、自理能力、人际交往能力、情绪调节能力的最佳时机。

老师非常理解,在这个内卷的时代,家长们很难做到不焦虑。大家在焦虑的驱使下,拼命地让孩子"超前学习",不停地唠叨、催促、说教,以为能培养出全能型学霸,不想却让孩子对学习避之不及。

请各位静下来想一想:培养孩子,到底是要让他成为本该成为的人,还是父母想让他成为的人?

## 第 1 计　一个月让厌学的孩子爱上学习

我相信，揠苗助长的道理人人都懂，可还是有太多人急于求成，不惜打破孩子的成长节奏，走上错误的教育道路。

人为什么会急？就是因为看得短。开车从长春到哈尔滨，见车就想超，因为距离太短了；如果开车从长春到新疆乌鲁木齐，你就不急了，因为距离足够远。

**为什么跑马拉松的都不急？因为跑完就赢了。我们总想让孩子赢在起跑线，最后大都输在了终点线。只要把教育孩子的时间跨度拉得足够长远，父母们就会从容、平和得多。**

总之，必须先让孩子精神强大、灵性强大，再去迎战学海无涯！

### 三、因为佴

也就是——叛逆。

叛逆的核心特点是什么？跟一切对着干！即使我知道你说得是对的，我也不会听你的。

进入青春期的孩子，生理在发育，精神也在发育，他们的自我意识开始疯狂觉醒，对这个世界充满了好奇。尤其到了初中、高中，孩子日渐觉醒的自我意识撞上了老师、父母日益强烈的管控压制，他们不想被操纵、被命令，不愿被剥夺"自主选择"的权利，就产生了拖拉、厌学、逃学等一系列的反抗行为。

除非，这个孩子在 12 岁之前，读过"万卷书"，有一定的人文素养，或是行过"万里路"，思维、眼界高出同龄人

## 教子兵法

**许多**。但是,那些12岁以前读书较少、醒悟较晚、视野局限的孩子,到了这个阶段,厌学的可能性就会大大增加。

表现出来的就是:

第一,不喜欢学校。

第二,不喜欢老师。

第三,不喜欢学科。

周老师建议,面对喜怒无常的青春期孩子,父母们要具备"顾问式"沟通的能力。

沟通的时候,请切记一点:这个阶段的孩子不需要你的说教和经验指导,他们唯一需要的就是爱。一个微笑、一句赞美、一声鼓励、一次拥抱,就足够把这些小刺猬们"软化"。

**教导爱,是你唯一可以做的。**

有位初二学员的妈妈在刚见到我时特别焦虑:"周老师,我儿子今年14岁了,刚刚进入青春期。我们之间的关系非常紧张,时常处于剑拔弩张的状态。"

"这孩子,一点时间观念没有,成天吊儿郎当,干什么都磨磨蹭蹭的。每天放学回来,第一件事就是满屋子找手机,吃完饭又要看会儿电视,或者吃点水果零食。连哄带骂,总算坐到书桌前了,却迟迟进入不了学习状态!因为这个,我们家基本上天天干仗,三口人对着喊。

上次月考出成绩那天,我下班回家问他考得怎么样。他像没听到一样,在那聚精会神地打游戏。我压着脾气,自己去他书包里翻出了成绩单,看到他排名那一刻,我血压噌一

### 第 1 计 一个月让厌学的孩子爱上学习

下子就上来了,想都没想就抢过了他的手机,狠狠摔在地上:'你这孩子长没长心啊,退步快200名,还好意思玩呢?我要是你,说啥也得把成绩提上来,就为了争这口气!实在不爱学习就别念了,去工地搬砖头去吧,别一天到晚享受着这么好的生活条件,结果连个习都学不明白!'

他脾气也来了,朝着我大吼:'行,这可是你说的,你别后悔。搬砖头就搬砖头,干啥都比学习强,成天听你唠叨,我早就烦死了!'

果然,第二天他说啥也不去上学了。我和他爸拿他一点办法都没有,我们实在想不通,到底是哪里出了问题?"

为了寻找应对青春期孩子叛逆、厌学的方法,这位妈妈带着儿子参加了五天四夜的贵州游学。

最初的两天,孩子抱着'我妈又在想方设法改变我'的态度,表现得有些抵触。我们的老师并没有急于去解释和说服,只是表达出对他的理解和尊重,并给予他足够的鼓励和关注,把自主权充分还给孩子,让他自己去分辨、去感受。

到了第三天,妈妈开始夸奖他、认可他,学会了发现他学习以外的长处。孩子似乎受到了鼓舞,脸上开始有了笑容。

最大的变化发生在第四天。

从黄果树瀑布回来后,孩子们对自由的渴望得到了极大的满足,彻底放下了防备和抵触的情绪。在当天的晚课上,我讲道:"真正的自由不是随心所欲,而是用理性的思

### 教子兵法

维引导自己,向更好的方向成长。学习恰恰就是在丰富和完善我们的生命。当然,与其被动学习,不如找到主动学习的理由。"

课后,这个孩子开始和大家一起,用心寻找自己的人生定位,并在辅导老师的引导下,制定出了切实可行的学习规划。妈妈也认识到了自己过往教育中的错误,签下了保证书,决定在接下来的日常生活中,不再用唠叨、焦虑、催促、说教打压孩子的进取心,给予孩子足够的理解、尊重和信任。

学习规划和承诺书同时进行,孩子感受到了来自家人的支持,内心有了力量,生命有了激情,真正拥有了学习的内在驱动力。

### 四、因为晕

升入初高中后,不少孩子都陷入了一个恶性循环:不会学导致学不会,学不会导致成绩差,成绩差导致没希望,没希望导致不想学。特别是数理化三科,一下子就把很多孩子给难住了。

其中,有一部分孩子是压根听不懂老师在说什么。还有一部分孩子,他们在课堂上能跟上老师的节奏,讲的题也都能听懂,但完全不具备独立做题的能力。一旦脱离了老师的"带领",他们就开始大脑宕机,原本"都会"的题仍然做不出来。

这两种小孩都极有可能在课业难度增大时出现厌学情

## 第 1 计　一个月让厌学的孩子爱上学习

绪。他们付出很多，学得头晕脑胀，却收效甚微。久而久之，他们就会对自己的能力产生质疑，出现"智力性碾压感"，丧失学习的热情。

事实上，这些孩子不是真的在智力上出了问题，而是他们不肯动脑，习惯于机械地接收老师给予的知识。这种学习方式，仅仅适用于题目简单、固定的低年级。如果沿用到了初高中阶段，孩子想要提升成绩必定非常吃力。

周老师建议：

1. 父母要停止过度干预，无论是生活上还是思想上。

从孩子出生到长大成人，父母们总是有操不完的心，总是想事无巨细地为孩子安排好一切，帮他们规避掉所有可以预见的风险。然而，那些在父母庇护下长大的孩子，从小就被剥夺了独立思考的能力，在面对困难时，他们难免会更加敏感和脆弱。表现在学习上，就是对知识浅尝辄止，没有自主学习的意识，完全依赖老师。

只有舍得"放手"的父母，才能培养出思维活跃、具有卓越创造力和想象力的孩子。而"放手"就是把决定权充分交还给孩子。小到穿衣吃饭，大到人生选择。

2. 通过启发式教育，帮助孩子养成积极动脑的习惯。

孔子是世界上最早提出启发式教学的教育家，他认为："引而不发，开而弗达。"意在强调独立思考的重要性。然而，在现实生活中，孩子们接受的大都是命令式教育，比如"快去写作业！""多穿点，别冻着！""睡觉前别忘了先刷牙！"等等。

### 教子兵法

不妨试着改变话术:"你计划如何完成今天的作业呢?""外面降温了,你今天打算怎么穿?""想想睡觉前还有哪些事情没做呢?"相信孩子的反馈也会完全不一样。

在徐州的《王者之旅》上,我遇到了一个没有梦想的孩子。他说,在来到我的课堂之前,他每天就是吃饭、上学和玩,从来没有思考过梦想这回事。

其实,大部分的孩子虽然没有明确的梦想,但都会有一个模模糊糊的雏形。可是这个孩子,在提起梦想的时候,他的大脑里是一片空白。

"这个世界上有很多种行业,至于到底从事哪个,就要看你想到哪件事会心潮澎湃、会为了这个目标努力学习,哪怕付出很多辛苦也不愿意放弃?你看,清泉的梦想是从政,宁馨、耀之是美育,诚诚嘉嘉是从军,腾腾哥哥是音乐,格格姐姐是写作,你呢?"

他思索片刻,回答:"我想探索宇宙。"

"很好,大方向已经出来了。可是宇宙这么大,你具体想研究哪个领域呢?比如伟宸做宇宙科学家,是要为人类找到第二个宜居星球。你研究宇宙的目的是什么呢?你的人生定位必须越精准,学业规划才越落地。"

在一次次不设置答案的追问之下,他最终靠自己得出了探索黑洞,追寻时空尽头的结论。

《礼记》中曾提到:"君子之教,喻也。"意思是,高明的教师善于用引导和启发的方式教育学生。

父母也是一样。学会了启发式提问、引导式教育,就可以在潜移默化中，赋予孩子主动学习的能力，将动脑变成一种本能。

### 五、因为蒙

90%的孩子不知道自己为什么而学习。甚至，连许多父母也答不上来。

我们必须承认，一个人不可能为了一件眼下无法为自己带来好处的事，毫无怨言地付出长期的艰苦努力。

所以，孩子学习没有方向，生命没有动力，这些问题的背后，是孩子的内在能量需要被激活，是孩子的生命梦想需要被引爆！

如何引爆孩子的梦想呢？

**周老师建议，父母要带着孩子走出去，去大城市、上大舞台、见大人物、生大梦想。**

泰山《格局之旅》时，一个长春女孩令我印象非常深刻。

她来自长春市下面的一个小镇，父亲是木匠，母亲是镇小学的英语老师。课程第一天，她上台做自我介绍，说她的梦想就是像母亲一样，成为那所学校的英语老师，因为镇上的人都觉得，那是最赚钱、最体面的工作。

台下的家长们听了都感到既惊讶又惋惜，因为她现在的成绩是全区前几。大家担心，一个轻而易举就能实现的梦想，不足以支撑她高中三年的刻苦努力。

但老师反而替她高兴，因为此刻就是这个女孩的人生转

## 教子兵法

折点。而且不仅是她，参加《格局之旅》，会是很多家庭做出的最正确的决定。

果然，课程结束那天，她的妈妈在群里激动地分享，说女儿在这里交到了许多"大梦想"的好朋友，性格变得越来越开朗。还有，她现在的人生定位是——中国外交部发言人。

在"游"中感受每座城市的风土人情，在不断地体察和感悟中丰富自己的人生体验。

在"学"中，了解每座城市的独特之处，通过挖掘它的发展历程和文化底蕴，帮助孩子们增长见识、拓宽格局。

同时，孩子们也会在一次次的行走中，不断升级梦想，不断积蓄能量，不断充盈生命，满载对未来人生的热情。

### 六、因为玩

趋向快乐，逃避痛苦是人的天性。

儿童的大脑尚未完全发育成熟，自我约束和延迟满足的能力相对较弱，身边的环境极易对他们造成干扰。

不难发现，自主学习的孩子普遍拥有一个共同点，身边都是自律上进的人，无论父母还是朋友。如果父母每天只想着上班摸鱼，下班后手机不离手，孩子的状态恐怕也大同小异。

我们都听过一句话：你是谁不重要，和谁在一起才重要。如果刘邦当年没有混进县令的圈子，那后来的王权霸业也就没他什么份。是那个圈子把他带到了项家，项家又把他带到了楚庄王、楚怀王的身边，继而才有了汉室天下。

同样的，朱元璋出身农民，如果他没有认识郭子兴，进入郭子兴的圈子，那大明天下也就没他什么事儿了。

所谓圈子，就是你认识的人、接触的人和与你发生关联的所有人。我们通常把圈子分为三等：

第一等圈子，是贵人、导师、未来的合伙人。在这三类人中，导师是放在第一位的。因为他是给予你智慧和方向，影响你一生价值观的人。给予你机会和资源的贵人是放在第二位的，和你一同"打天下"的合伙人是放在第三位的。

汉高祖刘邦，他的导师就是张良，他的贵人就是楚怀王熊心，他的合作伙伴就是萧何。

汉昭烈帝刘备，他的导师就是诸葛亮，他的贵人就是从

### 教子兵法

小力挺他,一路资助他的叔父刘元起,他的合伙人就是张飞、关羽和赵云。

没有人会莫名其妙地拥有梦想、拥有方向,更不会莫名其妙地拥有未来。一定是你看到了什么,听到了什么,感觉到了什么。所以,你的圈子决定了你的视野,你的圈子有多大,你的世界就有多广。

科技巨擘比尔·盖茨,就是因为在大学时接触了一台计算机,他的导师告诉他,这个东西将来会大有用处,他才迫不及待地离开学校出来创业。乔布斯也是从一位同学口中得知,未来将是一个科技的时代,他才毅然投身科技领域,彻底改变了人们的工作和生活方式。

所以,请你一定要告诉孩子,必须从现在开始创建自己的第一等圈子。因为只有这个圈子能托起你、成就你。没有这个圈子,无论你此生怎么努力,都没有机会赢得成功。

第二等圈子,就是家人。包括爱人、父母、子女、爷爷奶奶、外公外婆、兄弟姐妹、血脉亲戚。

如果说,第一等圈子托起了你的人生梦想,那么第二等圈子,就是你情感的寄托。

**作为一个有血有肉的人,我们需要美好的情感作为滋养,让自己的内心充满力量。而家人,就是我们情感需求的最佳来源,也是我们遇到危难时,最坚实的后盾。**

第三等圈子,才是朋友、同学、闺蜜、伙伴,以及那些有过一面之缘的人。

普通人的做法都是把第三等圈子放在第一位,朋友一叫

### 第 1 计　一个月让厌学的孩子爱上学习

马上到,每天不是在饭桌上,就是在交往的路上。看起来混得风生水起,实际上早已身心俱疲。开始经营圈子才发现,自己身边压根没有几个贵人、几个导师,更没几个合伙人。过去总觉得全天下有太多能一起"干大事"的朋友,如今才发现自己一事无成的根源。

当孩子明白这一点的时候,他就会发现,自己没成果不是朋友交少了,而是朋友交错了。

周老师建议,学会"三关法则",克服环境的不良影响,经营好我们的第一等圈子。

"三关",就是关注他们的变化、关心他们的健康、关爱他们的需要。哪怕不能见面,也要以短信、微信或者电话的形式,以1、7、15、30的频率,每月至少进行四次有效联络。

2024年的寒假,一个14岁的男孩独自来到我的身边,在军事化管理、没收手机的情况下,连续参加了4期课程,整整离开父母21天。

在家里时,这个孩子除了睡觉,就是跟朋友同学一起玩台球、打游戏。休学半年,完全没有一点要回学校的意思。他的妈妈束手无策,只好把他送到这来。

起初,这个孩子站没站相,坐没坐相,一拿到手机就躲起来找不到人,每次见到辅导老师们的第一句话,不是"啥时候发手机啊",就是"我想回家"。

像他一样,独自参加21天特训的孩子还有二十几个,但没有一个像他这样,把敷衍散漫写在脸上。

第一次察觉他的改变,是在第7天的传承人密训课上。

## 教子兵法

我带领大家现场实操,从标题开始,写自我推荐信。每个人都发散思维,积极表达自己的想法,再通过投票,选出票数最高的予以现金奖励。而这个孩子,就是当天的优胜者之一。

我观察到,在投票阶段,所有的孩子都为他举了手。而他受欢迎的原因,就是他在信息技术方面有非常卓越的天赋。

在场的孩子中,有未来打算从政、从商、从军、从教、从艺、从医的各领域人才。无论哪一个领域,都需要科学信息技术保驾护航。孩子们在确立了各自的人生目标后,也都早早选定了未来的事业合伙人。

从那天开始,这个孩子的变化愈发明显。他和身边的"战友"们关系越来越铁,无论站着还是坐着,他的腰板总是挺得直直的。拿到手机后,再也不会忙着开黑,而是先给妈妈打电话,问自己什么时候能回学校上学。还几次向我申请,课程结束后,能不能留在学院过年。

直到现在,这些孩子都经常在群里交流互动,也会彼此帮助、相互鼓励,分享学习方法,倾诉生活中的压力和烦恼。

他们还约定:各自努力,顶峰相见!

第 1 计　一个月让厌学的孩子爱上学习

# 本章小结

学霸、天才的家庭往往都有一个共性，就是父母有持续学习的习惯，家里有浓厚的学习氛围。

教育最可怕的，就是父母成天摆烂，却催着孩子玩命学习。育人先育己，与其埋怨孩子不好好学习，不如自己先静下心来，读完这本书。

**课后作业**

写下孩子的 100 个优点。（每天至少 1 个，重点是持续）

努力学习的意义是什么？
如何激发孩子的学习动力？

**课后思考**

# 第 2 计

## 孩子沉迷电子设备？三招帮你搞定！

> 周老师说：沉迷电子设备是指长时间对电子设备之外的事情提不起兴趣，从而影响身心健康的行为。

**教子兵法**

沉迷电子设备的高发人群多为12至18岁的青少年。这些正处于青春期的孩子，自我控制能力和自我防护意识相对薄弱，又对新鲜事物充满了好奇。

为了寻求刺激、惊险和浪漫，满足自己的价值感、归属感和成就感，他们迷恋上了虚拟世界，被网络游戏、色情信息、线上社交"趁虚而入"。久而久之，不仅会让孩子们视力受损、注意力分散、学习和社交能力下降，还会导致孩子们逃避现实、轻视自身责任，变成不会思考的"电子傀儡"。

沉迷电子设备的原因有很多，我们可以将其分成内、外因两种：

### 一、外因——被动因素，属表因

1. 社会环境：比如，网吧的出现，网络游戏的流行，同学之间的攀比、从众心理等。

2. 家庭教育：包括家庭环境和教育方式。

很多家长因工作繁忙，忽视了对孩子的关爱和陪伴。所谓的照顾，也仅仅停留在"吃饱了、喝足了、穿暖了，兜里有零花钱"。物质条件再富足，也无法弥补孩子精神世界的空虚。

其次，很多家长对于沉迷电子设备的孩子缺乏耐心，一味地诉诸打骂。有的，甚至直接放弃了对孩子的教育。

第 2 计　孩子沉迷电子设备？三招帮你搞定！

## 二、内因——主导因素，属本因

1. 满足感缺失：包括学业失败、人际障碍、父母不睦、缺少爱好等。

由于家长、老师对孩子的期望过于单一，成绩好坏几乎是孩子成就感的唯一来源。此时，一旦学业失败，他们就会产生极强的挫败感。为了弥补现实世界的失意，许多孩子才选择沉浸在网络游戏中，拼命获取缺失的满足感。

另外，随着离婚率的增长，社会上的"问题家庭"也在增多。如果孩子长期生活在不幸福的家庭或是批评和打骂之中，他们很可能对生活失去信心，继而躲进虚拟世界寻求庇护。

事实上，大部分依赖电视、电脑、手机、iPad 的孩子，都时常无人陪伴，或是得不到理解和认同，内心十分孤独。他们往往自卑、内向、不想面对现实，只能在手机、游戏里寻找伙伴，寻求短暂的安慰和快感。

2. 生理及人格发育的需要。

高发人群多为 12-18 岁青少年，男性居多。

3. 自制力差。

不少沉迷电子设备的孩子也知道这样不好，不想再继续堕落下去，可是一接触就会情不自禁。

周老师建议，要想帮助孩子彻底摆脱沉迷电子设备，家长应：

1. 设定合理使用时间

数字时代，网络早已深入到生活的方方面面，完全禁止孩子使用电子设备是不现实的。因此,我们可以设立一项家庭规定,规范孩子使用电子设备的时间和方式。

这项规定必须与奖惩机制相结合。

或者,也可以把非电子活动作为日常任务,每完成一项,他们就能获得一定的电子设备使用时间。如果没有完成任务,相应的时间也会被扣除。

2. 转移孩子的注意力

通过多样化的活动,拓展孩子们的视野,让他们看到电子设备之外的精彩世界,重燃对生活的向往与热情。比如户外探险、体育锻炼、手工制作、艺术课程等。

尤其是各种户外活动。**孩子们在大自然中,与清风相拥,与繁花共舞,通过与自然链接,收获平静,得到疗愈。大自然的繁杂与神奇,也会在不知不觉中激发孩子的探索欲,唤醒他们的想象力和创造力。**

当然,这个方法的关键在于陪伴。

父母要在跟孩子互动的过程当中,放下手机、放下焦虑,给孩子高质量的陪伴,让他们觉得,和爸爸妈妈一起玩耍的时光是最快乐、最有趣的。在亲子关系改善后,也要和孩子保持"朋友式"的沟通,多倾听少批评,给予他们足够的鼓励、支持与关注。

3. 家长要以身作则

许多父母经常会在孩子面前抱着手机不放,孩子希望你陪他玩,你却说:"自己玩吧,妈妈忙着呢。"人都有好奇心,孩子尤其强烈,他很想知道妈妈手里的东西到底多有意思。

## 第 2 计　孩子沉迷电子设备？三招帮你搞定！

这就像我们在马路上走着，忽然有一群人围着一个地方看，你也下意识地想过去凑凑热闹，是一个道理。

我还见过一类家长，在教育孩子时依赖"电子保姆"。为了图个省事，就拿手机来哄孩子。时间长了，孩子能离开父母，却离不开手机了。

**身行一例，胜似千言。想要孩子放下手机，请父母们先从自己做起。**

每次提起沉迷电子设备，老师都会想起一个跟我学习了十一年的孩子。最初的他，没有爱好，成绩平平，还因为太过肥胖，积攒了许多负面情绪。他讨厌这样的自己，又没有办法改变糟糕的现实，只好躲进网络游戏里。就这样，他的成绩又从中下游滑落至倒数几名。

参加北京《高校之旅》时，他身体的各项数据都已经严重超标。他的妈妈还在北京找好了专家，打算课程一结束就带他去切胃。

根本上的问题无力扭转，只能在表面上下功夫，这是典型的病急乱投医。就好像很多家长在发现孩子有厌学情绪后，普遍的做法都是更加严格的管束和更加疯狂的补课。

老师常说，教育孩子千万不能摸着石头过河。家长们必须要学习，而且是持续学习，才能看穿孩子行为背后的心理需求，真正做到对症下药。

在这次的高校之旅中，我们一起拜访了清华、北大，还走进了他现在的母校——中国传媒大学。回来后，老师结合当前的发展趋势、就业形势，带领他们寻找自己精准的人生

### 教子兵法

定位、制定科学的学业规划。我们还共同破译了不良圈子带来的影响和电子设备让人成瘾的根本原因。

当定位和规划清晰地呈现在纸上的时候,他突然发现,原来自己并没有那么糟糕,原来他也可以拥有梦想并有机会实现它!

接下来的两天里,他不仅做到了人脉断舍离和手机断舍离,还在台下近千人的见证下,连续摔了两部手机。

这份破釜沉舟的决心,让他在一年内成功减重30斤,成绩也突飞猛进,在学校里越来越受欢迎。现在的他,早已从理想大学毕业,正朝着自己的人生目标,从容而有力地迈进。

第 2 计　孩子沉迷电子设备？三招帮你搞定！

# 本章小结

电子设备是一把双刃剑。利用得好可以休闲放松、丰富知识、拓宽视野，把控不当就会迷恋上瘾，侵蚀身体和心灵。

作为家长，必须要与时俱进，提高自己应对变化能力，才能在日新月异的数字时代，引导孩子正确使用电子设备，避免网络带来的不良侵害。

每周至少安排一项亲子活动

如何做到有效陪伴？

如何培养孩子对生活的热爱？

课后思考

# 第3计 教你3招，轻松撂倒晚睡娃

周老师说，晚睡是指孩子经常在23点后入睡，早上精神疲惫，长期"日夜颠倒"，严重影响学习和生活状态的行为。

## 教子兵法

很多家长对孩子的晚睡行为感到焦虑不已,担心会影响他们的成长和大脑发育。这一章我们来聊一聊,如何帮助孩子形成健康的睡眠规律。

孩子为什么会养成晚睡的习惯呢?

### 一、生理原因

青少年时期,人体助眠的激素褪黑素分泌比其他年龄段晚两个小时,以致他们的生理休息时间与成年人的要求存在差距。

### 二、自我补偿

许多孩子和老师反映,自己每天学习十来个小时,被学校老师、父母管头管脚,一天中唯一的自由时间就是父母睡觉以后。所以,他们喜欢利用这段时间,来弥补"被动学习""被动补课"的内心缺失,进行报复性熬夜。

### 三、玩得兴奋

睡前孩子因为打游戏、追小甜剧、看漫画书等等产生了大量多巴胺。在快乐的驱使下,他们渴望将正在做的事进行下去,毫无节制地占用睡眠时间。

### 四、压力过大

在长期的精神紧张和压力的作用下,一些青少年容易产生失眠和神经衰弱。表现为：睡眠障碍、记忆力减退、头晕头痛、大脑疲劳等。

### 五、肠胃不适

中医认为：胃不和则卧不安。经常晚餐过饱或患有慢性肠胃炎的人群容易习惯性失眠。且晚睡还会导致人体肠胃机能发生紊乱，由此形成"肠胃越差睡眠越差"的恶性循环。

不仅如此，孩子长期晚睡还会引发以下四种问题：

### 一、智力下降

深度睡眠时，大脑的胶质细胞体积会缩小，脑积液循环量会增大，清理和代谢的速度会加快。

经常熬夜的人，大脑内的毒素、垃圾得不到有效清理，不仅会频繁引发慢性炎症，影响孩子的智力水平和发育，还会引发诸多情绪问题。

### 二、体重增加

研究表明，孩子的体重与孩子的睡眠习惯是有直接联系的。睡眠不佳、难以入睡或间断性睡眠，都会增加孩子的肥胖率。那些经常在十一点后入睡的孩子，在不改变三餐饮食的情况下，体重和腰围仍会有明显增加。

### 三、生长迟缓

孩子的生长激素主要分泌在深度睡眠期间，如果孩子长期得不到充足睡眠,生长激素的分泌量就会大大减少,使孩子生长发育迟缓,甚至无法长到正常身高。

### 四、患病增多

我们的身体器官工作了一整天,需要在晚上得到充分休息,让维持人体机能和调节免疫力的活性物质得到修复和再生。熬夜会让活性物质不断消耗,引发人体免疫功能失调,增加孩子的患病风险。

周老师建议,父母们赶紧用起这三招,轻松"撂倒"晚睡娃:

### 一、放松入睡法

父母们可以提前一小时营造睡眠氛围,在孩子洗漱的过程中播放散文诗歌、励志书籍、助眠音乐、睡前冥想引导词等,帮助他们放松下来,让大脑进入休息状态。

同时,还要把室内灯光调暗、关闭电视,父母也要放下手机,避免引起孩子的兴奋和好奇。如果可以,父母们最好和孩子同时入睡,以身作则,带动孩子养成早睡早起的好习惯。

### 二、食补调理法

给孩子多吃一些含镁、补钙的食物,比如瘦肉、鱼肉、牛奶、芝麻、茯苓、百合、莲子、香蕉、坚果、粗粮等,可以促进褪黑素合成,起到助眠效果。但要防止孩子吃得过饱,以防肠胃不适影响睡眠。

**三、运动助眠法**

可以让孩子们在晚饭一小时后添加适量的运动。不一定非要跳绳、跑步、打羽毛球之类的剧烈运动,下楼散散步、和伙伴疯玩一会也可以,只要让身体感到微微的疲惫感就好。

适量的运动不仅能帮助孩子消耗过盛的精力,还能让他们释放一天的学习压力,有效避免情绪和心理问题。

养成良好的作息习惯是《军魂之旅》的重要一课。许多家长专门为了帮孩子调整作息,把孩子送到我们这里来。

入营前两天,总有孩子睡不着、起不来,接着一整天萎靡不振,训练不积极、动作不到位。为了让孩子们尽快融入,我们在严格执行作息、训练制度的前提下,安排了许多有趣的特色活动,比如"浴火重生"、"荆棘之路"、"重走长征路"、参观国防教育基地、实弹射击、真人 CS 等等。孩子们很快就融入进来,参与度、任务完成度越来越高,训练也更加刻苦卖力,晚上轻松入睡再也不成问题。保障了足够的睡眠时间,孩子们自然也能做到"无痛早起"。

许多家长都说,我的"军魂之旅"是当之无愧的人生必修课。因为,无论孩子将来是否从军,军人的责任感、使命感、自律独立、坚韧顽强都是孩子必备的品质素养。

**教子兵法**

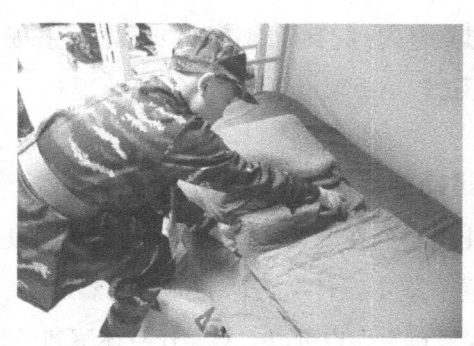

## 本章小结

帮助孩子轻松入睡的核心就是——放松。用音乐、书籍、陪伴、鼓励等方式让孩子精神放松,用食物、玩耍、运动实现身体放松。

---
**课后作业**

准备三本让人轻松治愈的书籍(有声书也可)
准备五首让人精神放松的音乐(多多益善)

# 第4计 家长与老师沟通的三大法宝

周老师说,家长是孩子与老师之间的黏合剂。经常与老师有效沟通,不仅可以让老师对孩子更加了解和重视,也可以促进家校互信,让家庭教育与学校教育充分配合,更有利于孩子的学习和成长。

### 教子兵法

在现实生活中，很多父母都不会主动找老师沟通，他们总担心会打扰老师工作，搞不好还会让孩子在老师心目中"减分"。

家长们一定要明白，每个班级里有几十个孩子，想要老师在讲授文化课之余一一照顾到，是不现实的。大多数情况下，当老师主动找上门时，孩子已经出了大问题。所以，家长们必须要迈出这一步，通过积极沟通，向老师了解孩子在学校的表现，与老师分享孩子在家的状态，做到信息共享，才能完整把握孩子的成长方向。

另外，孩子的成绩与他跟老师的亲近程度有很大关系。如果孩子喜欢老师，老师也关注孩子，他的成绩自然就不会差。关键是，如何让孩子和老师的关系更进一步呢？这就要靠家长们的有效沟通了。

周老师建议，父母们要牢牢掌握这三大法宝：

### 一、学会介绍孩子

初次和老师介绍自己的孩子时，不要一上来就先暴露孩子的缺点。可以从孩子的特长、爱好、优势、擅长的学科入手，建立老师对孩子良好的第一印象。

我们的一位学员家长，在孩子上高中的第一天，就和班主任说："老师，我女儿语文成绩很好，特别活泼开朗，也喜欢帮助别人，她从初一开始就是语文课代表。"通过妈妈的介绍，老师第二天，就让这个孩子做了语文课代表，而且高中三年里一直对她很好。

第 4 计　家长与老师沟通的三大法宝

有次我们聊起这件事，这位妈妈还说，如果自己没有学习过，当时可能就会对老师说："老师，孩子让我和他爸惯坏了，脾气不太好。她的成绩也一般，除了语文都不突出。麻烦您多费心了。"相信老师对孩子的看法就会完全不同。

可能有些家长会觉得，就算第一印象再好，等到往后暴露了真实性格，孩子在老师心目中的形象一样会打折扣。其实不是的。因为这个世界上从来没有完美的孩子，但对于自己喜欢的孩子，老师们都愿意付出更多的耐心和精力去培养。

当然，在日常沟通的过程当中，也要引导老师多去发现孩子的优点。比如："周老师，您看我们家孩子最近有哪些表现不错的地方呢？

必须承认，当我们不断地去寻找一个孩子的优点时，连眼神都会充满欣赏。而这个充满欣赏的眼神，就会在无形之中改变孩子，让他越来越喜欢这位老师，让他表现得越来越好。这个在心理学上，叫做正面导向，我也喜欢把它叫做"吸引力法则"。

### 二、学会有效提问

老师发现，许多父母并不是完全不和老师沟通，只是他们沟通的内容都是："老师，我家孩子在学校表现怎么样呀？"之类宽泛的问题，很难从老师那里获得有价值的回答。

家长们一定要学会把问题细化，对孩子的课堂表现、学习状态、学习能力、人际交往等等方面进行针对性的提问：

**教子兵法**

老师，清泉回答问题积极吗？老师，清泉跟同学相处得好吗？老师，清泉最近的学习状态怎么样呀？老师，需要我们家长配合哪些工作呢？老师，如果清泉有什么需要改进的地方，您随时跟我们说，我们一定全力配合……

这些问题就是在向老师传达，你很重视孩子的教育和培养，老师自然也会更多关注你孩子的成长。

### 三、学会平等沟通

有许多家长向我反映，说自己不敢跟班主任老师沟通。还有的家长太过"护犊子"，不允许老师说孩子一点毛病。请大家记住一点，家庭与学校、老师与家长是平等的合作关系，保持相互尊重、不卑不亢才是友好沟通的前提。

比如，孩子在学校被老师批评了，有的家长知道后像自己犯错误了一样，先是低声下气地道歉，然后和老师说："您放心，等他回家我一定好好收拾他！"其实，老师要的不是家长的暴力教育或是认错道歉，而是希望和家长一起解决问题。所以，正确的回答应该是："等我回去好好跟他了解一下情况，如果孩子犯错了，我一定配合您好好教育他。"或者"您有什么好的建议，我们会积极配合的。"

总而言之，记住老师的"八字方针"——平等沟通、积极配合。

第 4 计　家长与老师沟通的三大法宝

# 本章小结

家庭是孩子的土壤，学校是孩子的阳光和养料，在教育孩子这条路上，老师和家长的配合至关重要。

请父母们勇敢地迈出这一步吧，为了这颗"小苗"茁壮健康成长！

每周至少与班主任进行一次有效沟通

与学校老师保持有效沟通的重要性

# 第5计 神仙方法，终结拖延症

周老师说，拖延症是指在能够预料后果有害的情况下，仍然把计划要做的事情一再推迟的行为。拖延意味着自我调节失败，是一种普遍存在的心理现象。

严重的拖延症会给个体的身心健康带来消极影响，如强烈的负罪感和自责情绪、不断地自我贬低和否定，甚至引发焦虑症、抑郁症等心理疾病。一旦出现这种状态，必须引起重视。

教子兵法

读书时，我们总以为青春还长，有些书可以明天再读，有些题可以明天再做。可是转眼，毕业、工作、婚姻、家庭都已一一经历，才发现我们的时间原来如此有限。

一次又一次的拖延，偷走了我们的幸福感，让我们和理想的自己越来越远。一项调查显示，大约有80%的人存在拖延行为，而且大都从学生时代开始。

长期且反复的拖延行为主要源于人的两种负面情绪：

**一、对结果的恐惧**

害怕失败是"拖延症患者"常见的心理状态之一。

一些人出于对自己能力的怀疑，在遇到挑战时，会通过放弃或拖延来缓解焦虑。尤其是遭遇过重大挫败的人，更容易产生逃避心理。比如孩子在写作业时，经常因为做错题被父母责骂和打击，他们就会对这件事产生抗拒，不断地推迟完成任务，以逃避内心的不安和恐惧。

**二、对任务的抵触**

在接到一件不喜欢、有难度或者不重要的任务时，人们会本能地产生抵触，采用拖延的方式推迟或逃避该任务的执行。

不喜欢学习或者不知道为什么学习的孩子就会经常产生这样的想法："学习既没有什么立竿见影的好处，也无法给我太大的成就感，与其在这件事上浪费时间，不如把精力用在我更喜欢的事情上,比如刷视频、打游戏、聊聊天……大不了考试前我再学,随便应付一下就行了。"

像这种"明天再说""随便应付"的想法,在许多人的生活里普遍存在。

周老师建议,这两个找回执行力的神仙方法,大家一定要赶紧实践起来:

### 一、学会享受过程

很多的"拖延症患者"并没有意识到,他们因为把结果看得太重而不敢行动,反倒把过程都变成了煎熬。

事实上,如果你每一次都做到了全力以赴,不仅失败的次数会越来越少,行动的过程也会越来越简单和轻松。所以,拖延只会带来焦虑,只有战胜它才能真正解决问题。

当然,有些时候那个令人恐惧的结果也是外界造成的,就像考试失利后父母们严厉的批评。当孩子出现了因恐惧而导致的拖延时,父母就要学会用鼓励代替打击,让孩子明白:"失误了也没关系,过程远比结果更有意义。"

### 二、找到行动价值

工作和学习的共性就是,都充满了挑战和未知,不会让你永远待在舒适区。这个时候,我们就要找到并满足自己的实际需要,作为完成任务的奖励,为自己提供坚持的动力和突破的勇气。比如提高社会地位、实现自我价值、多赚钱给孩子更好的教育等等。

## 教子兵法

面对抵触学习而产生拖延的孩子,父母要告诉他们:"学习的目的不是取得好成绩、考上好大学,而是让你有资本去选择生活,有底气去做你自己。它非但不是毫无意义的付出,还是你实现梦想最有效的捷径和最有力工具。"

诚诚曾因为一次英语考试不及格深受打击,连续两个星期,每天都哭着求妈妈别送自己去上学。他太害怕再次面对考试,担心还考不好的话,大家都会嘲笑他是个笨蛋。

后来的很长一段时间里,他都笼罩在不及格的阴影之下,总会想尽办法逃避学习,作业都是拖到最后期限才去完成。

2023年7月,诚诚的妈妈带着他和哥哥嘉嘉来到了我的《军魂之旅》。在胆商训练中,他们体验了一次"荆棘之路",就是赤脚行走在铺满玻璃的地面上。其实,大部分孩子都猜到了,玻璃一定是经过专业处理绝对安全的,但在踏上之前,他们还是免不了一番艰苦的内心挣扎。

看到前面的"战友"都安然无恙地走过,诚诚才勇敢地走了上去。那一刻他突然意识到:原来很多困难都是"纸老虎",只要有勇气去尝试,就能够战胜它!

在这次课程中,诚诚也找到了自己的人生定位和理想大学。他发现,想要实现梦想,就必须直面对学习的恐惧,把成绩提高上去。

现在万事俱备,只差"临门一脚"。为了让诚诚彻底告别"学习拖延症",我把他叫上了舞台,现场制定了详细的

第 5 计 神仙方法，终结拖延症

提分计划和奖惩机制。两个月后的期末考试中，诚诚的英语提高了 33 分，总成绩整整提高了 64 分。

当孩子拥有了战胜困难的勇气和动力，拖延就不再是令人困扰的难题。只要掌握了老师的神仙方法，就可以轻松获得工作学习的内在驱动力。

## 本章小结

**偶尔的懒散并不可怕，可怕的是，在日复一日中消耗生命并陷入无尽挫败和自我怀疑的恶性循环。**

人的拖延，无论是出于对结果的恐惧还是对任务的抵触，本质上讲，都是能力不足。当你提高了自身能力，对任何事情都游刃有余，开始享受过程、期待结果时，拖延症自然会"不药而愈"。

———————————————————— 课后作业

找到并满足孩子拖延背后的实际需要。

# 第6计

## 孩子躺平、放弃学习,3招让你危机变转机

周老师说,躺平就是孩子在压力和焦虑面前,选择了放弃和逃避,用消极的态度面对生活和学习。表现为:每天死气沉沉、萎靡不振,不想上学、不想交流,只想把自己关在房间打游戏、玩手机。

### 教子兵法

总的来讲，孩子躺平大多是心里怨气过重，这股怨气一是对外，一是对内。

对外的怨气通常指向他最亲近的人，比如爸爸妈妈、爷爷奶奶。在交谈时，他们常会有暴躁情绪，哪怕你小心翼翼地和他说话，也可能被他挑剔和攻击。一旦有人劝他出去上学，他就会立刻大发脾气，甚至摔门、摔东西。

对内的怨气指向他自己。他会自我攻击，觉得自己是没有存在价值的废物，很没用。时间久了，这种挫败感会严重影响孩子的性格形成和心理发育。

孩子出现这种情况，不是你劝他、打他、骂他就能解决的，也不是简单地去医院检查、吃药就能治愈的。父母们一定要找到孩子躺平的症结所在，化解他心里的这股怨气。

接下来，老师会按照年龄阶段具体分析孩子躺平的原因，帮助父母们找到问题根源：

### 一、小学阶段

十岁左右的孩子即将进入青春期，他们逐渐开始自我觉醒。这个时候，如果家长们逼得太紧，难免会"物极必反"，逼得孩子躺平。

当然，这与孩子的性格也有很大关系。通常，外向型的孩子面对父母施压，他们会通过和朋友倾诉、玩耍释放压力。如果他们也有躺平倾向，多半是暂时的，或者想要挟父母达到某种目的。而内向型的孩子，在面对压力时，他们没有宣

### 第6计 孩子躺平、放弃学习，3招让你危机变转机

泄情绪的出口，只能在内心"无声反抗"，最后极有可能走到躺平的地步。

老师也见过一些孩子，在小学时期因为搬家、转学，适应不了新学校的环境和氛围，交不到新朋友，就开始讨厌学校、讨厌老师、讨厌同学，觉得只有回家躺平才是最舒服的。不过，这类情况也是以性格内向的孩子居多。

#### 二、初中阶段

1. 报复父母型

处于叛逆高峰期的孩子，喜欢和一切对着干。所以，这个阶段的躺平，不一定是他们真的对学习完全失去了兴趣，很可能只是情绪上的问题。如果父母能够及时发现、有效沟通，很容易扭转局面，把孩子推回正确的轨道上来。

然而，大部分父母都很难做到与叛逆期孩子友好相处，甚至彼此间还有敌对情绪。比如，爸爸妈妈把学业看得很重，对孩子不断地管控和操纵，孩子觉得父母只是把他看成了学习的机器，干脆就不学了，以躺平的方式报复父母。

2. 无心学习型

有些孩子本身学习状态不错，但是父母天天吵架、闹离婚，或者爸爸妈妈有一方生病了，以致孩子整日活在不安和惶恐之中，完全没心思上学了。

3. 遭受霸凌型

初中时期的孩子很敏感、很脆弱，如果他们在学校里受到了不公平的对待，甚至是来自老师和同学的伤害、霸凌，

## 教子兵法

很容易对上学产生恐惧和抵触。这个时候,如果父母重视程度不够,或者和老师站在一起指责孩子,孩子就会对父母感到失望,最后破罐子破摔。

4.寻找安慰型

当孩子在学习的过程中,感受到的都是挫败、痛苦、压抑,完全看不到未来的希望时,他们渴望能在家中找到温暖来疗伤。但是父母解决问题的办法除了苦口婆心地说教,就是找来老师一起批评教育。原本孩子只是回家调整状态,寻求理解和安慰,现在好了,他们对学习的厌恶感进一步加深,和父母的关系也愈发紧张。

### 三、高中阶段

上了高中以后,孩子们对自己的高考水平是有一个基本评判的。如果他觉得自己怎么都考不上,内心就会产生无望感。

每天面对高强度的学习,不是每个"学渣"都能坚持到最后,甚至成为黑马逆袭的。那些受不了打击和煎熬的孩子,难免会产生逃避念头,想着,既然老师说啥也听不懂,又何必天天在这承受呀,要不躺平算了。

还有那些自尊心很强的孩子,如果某次考试成绩突然下降,他们很有可能因为无法面对现实,选择躲在家里,逃避同学的嘲笑和老师不理解的目光。

许多父母对于孩子的躺平,都是指责和愤怒的态度。但

第 6 计　孩子躺平、放弃学习，3 招让你危机变转机

你们想过没有，孩子的脆弱和逃避，还不是源于父母从小的过分呵护和对分数的过分关注？

### 四、大学阶段

如果孩子在前 12 年的求学历程当中没有自我，每天被爸妈逼着、被老师管着、被同学卷着，为分数去学，他在进入大学之后，很可能一下子就放松下来，陷入一种"补偿性"的自我放逐。比如疯狂补觉、玩手机，拒绝继续成长和学习。就好像小时候被爸妈禁止吃糖的孩子，在长大有能力以后，会报复性地食用甜食，来弥补自己的童年缺憾。

### 五、就业阶段

该工作的时候不去工作，主要原因就是两个字——害怕。他们害怕面对一个月两千块的工资、害怕接受社会的教育和毒打、害怕承认自己已经是一个大人的事实……思来想去，他们告诉自己：算了，我就直接在家里面躺着吧，反正我爸妈也能养得起我。

这个时候，父母们千万不要盲目责怪自己的孩子。请先反思一下，这 20 多年的时间里，你是怎样对待孩子的？

每个就业期躺平的孩子背后，几乎都有一对控制欲超强的父母。他们总是替孩子做决定，喜欢包办孩子的生活，最后把孩子变得没有自我，完全丧失了独自面对社会的勇气和能力。

**教子兵法**

周老师建议，面对孩子躺平，父母应该做好三件事，化危机为转机：

第一件事就是拥抱变化。

各位父母一定要知道，躺平从来不是人的天性和本能。**一个人生来，只会为了爱与被爱而争取、为了自尊而努力、为了安全而自保、为了超越而奋斗、为了生存而前行，不会为了逃避现实而躺平。**所以，躺平都是后天造成的。

孩子用躺平的方式，给你制造极端的痛苦，其实是想把我们唤醒，让我们知道过去的教育方式出了问题。当父母们意识到了这一点，面对躺平的态度就会完全转变。

很多家长通过跟老师学习，发现了问题所在，不再去急着改变孩子，而是先从内心去拥抱和接受。他们感知到，孩子躺平就是在向父母发出求救信号："爸爸妈妈，你们看看我，我现在很无助、很迷茫、我需要你们的帮助，爸爸妈妈请不要放弃我……"

在意识到了这一点后，你可以情真意切地告诉孩子："妈妈知道你内心很痛苦，你也想回去上学，你也想学好，但是你无法克服学校环境带来的压力，无法克服许多学习上的困难，妈妈理解你。妈妈不会逼你去上学，无论你做什么决定，妈妈都支持你。"这就是在给孩子传达一个信号：妈妈是理解我的，妈妈是愿意帮我的，妈妈不会给我施加压力，在妈妈这里我是绝对安全的。

第 6 计　孩子躺平、放弃学习，3 招让你危机变转机

第二件事就是增进感情。

常言道"岁寒知松柏，患难见真情"，我们常将这句话用于友情、爱情当中。殊不知，用它来解决亲子问题，效果也是立竿见影。

躺平的孩子正处于人生的低谷，他们非常需要关怀和帮助。如果父母能在这个时候，持续给他希望、给他支持，陪他渡过难关，那你对孩子而言就不仅仅是父母，更是他人生的知己和贵人。想到这，躺平这件事也就没那么可恨了，还要感谢它，为我们创造了一个跟孩子增进感情的最佳时机。

如何增进感情呢？请父母们跟老师一起思考两个问题：

在朋友遇到困难时我们会如何开解他？

当你身处人生低谷希望别人怎样帮助你？

**把我们把孩子想象成朋友，就不会再有居高临下的教育和指责，这是走进他们内心的第一步。**接下来，父母们可以给孩子讲讲自己过去类似的经历，你当时是什么样的感受，最后是怎样走出来的。你们的经历越相似，你的感受越痛苦，就越容易让他看到希望，越有利于他的恢复。

第三件事就是弥补缺失。

在前文中，老师带领大家一起分析了孩子躺平的原因。我们不难发现，孩子走到今天这一步，一定是某个方面存在不足，比如不善社交、抗压能力不足、没有学习方法等等。如果不及时弥补，将来还是会反反复复。

### 教子兵法

在做好前两件事后,你和孩子已经成了亲密的朋友。现在,他们会愿意听从你的建议,并在你的支持下一点点建立自信、找回自我。一旦走出来,他们会比以前更加强大,无论是能力上,还是心性上。所以老师才说,躺平别焦虑,三招帮你危机变转机!

## 本章小结

心理学上有一个词,叫"习得性无助"。指一个人,在经历了反反复复的失败后,对自己失去信心、对生活感到无力,甚至产生消极情绪和逃避行为。这个词,就是对"躺平"的最佳诠释。

愿父母们都能在孩子"一次次失败"时,给予他们无条件的鼓励与支持,让他们带着无限的力量和勇气,去实现自己人生的价值和使命。

# 第 7 计

## 孩子说谎，教你科学引导

周老师说，在很多家长看来，说谎是一种非常可怕且恶劣的行为，是孩子变坏的开始。但实际上，说谎是一门"技术活"。擅长说谎的孩子，执行力、想象力、认知力、逻辑思维能力、语言表达能力都会明显高于不善说谎的孩子。说谎，意味着他们的各项技能在快速提升。

而且，孩子说谎的动机也并不都是违反道德的。尤其 7 岁以下的孩子，还不具备完善的道德观念，他们的说谎一般不会是品质问题。

### 教子兵法

家长们不要急着给孩子定性,只要说谎就贴上"不诚实""品质不好"的标签、施以严厉的惩罚。你的打骂,只会让孩子更不敢说真话。

正确的做法是,理性分析孩子说谎的原因,再根据不同动机进行科学引导:

#### 一、自我安慰和满足

幼儿时期的孩子容易将想象和现实混淆,他们常会通过自我幻想的方式,来满足自己的愿望。比如,孩子想要拥有某个玩具,但妈妈没有给他买,他还是会对小伙伴说:"我妈妈给我买了最大的玩具飞机!"或者,当他很羡慕别人拥有一件东西而自己没有时,也会对大家说"这个我也有,比你的更好看。"

遇到这种情况,家长总会感到恐慌和焦虑,认为孩子虚伪、虚荣,想着:"小时候就这样,长大了怎么办呀?"实际上,孩子很可能并没有意识到自己在说谎,也不知道说谎的后果和危害。所以,家长要及时发现及时引导。

可以通过《匹诺曹》、《狼来了》、《掩耳盗铃》、《一诺千金》等寓言故事告诉孩子:诚实是一种美德,可以让我们赢得别人的赞美和尊重。说谎害人害己,我们不应该因为小小的满足,舍弃更重要的东西。

#### 二、逃避责任或责罚

有时候,撒谎是孩子的一种自我保护方式。如果孩子曾

第 7 计 孩子说谎，教你科学引导

因犯错遭受过严厉打骂，或是父母总是用逼问的语气让他承认错误，孩子都会感到害怕，第一时间想着如何逃避责任。

就好像我们在工作上出了纰漏，领导阴沉着脸追究责任人时，大部分人想的都不是主动承认错误，这是一个道理。但要是老板用温和的态度，用探讨的方式指出你的错误，想必你也会虚心接受，认真做好方案的修改和完善。

所以，面对孩子犯错，父母的正确态度应该是——犯错没关系，改正了就好了，我们和你一起解决问题。

老师记得，曾在朋友圈看过一位老学员家长发的视频。视频里，满身牛奶的孩子正在愉快地擦地，爸爸妈妈则在一旁边拍视频边偷笑。这个画面让老师觉得特别有爱，因为很多孩子在洒了牛奶后，都会被"打扫战场"的妈妈数落半个小时，责怪他冒冒失失，一点小事都做不好。久而久之，孩子的自信、担当、解决问题的能力，都在父母的打击下消失殆尽。

如果你的孩子喜欢用说谎来掩饰自己的过错，请先反思一下，你是否对孩子过于严厉了？

### 三、获得认可和关注

与幼儿时期的"自我满足"不同，当孩子开始通过谎言来与人攀比，或是博得别人的欣赏和赞美时，说谎的性质也随之变了质。

这类孩子有很强的自尊心和虚荣心，常会为了表现自己的与众不同，编造许多没有经历过但是深深渴望的事情，以掩饰内心的自卑和缺失。而这份缺失，多源于父母疏于陪伴、吝啬表扬或是过高期望。

想要这类孩子不再说谎，最重要的就是来自父母的关心和关注。记住，给予孩子物质满足，远不如让他们内心富足。

### 四、模仿父母或他人

孩子的道德感并不是天生的，而是在后天的教育引导中形成的。如果父母玩游戏总是耍赖，或者常常说话不算数，孩子也会有样学样，无意中被父母同化。

我们都曾学过《曾子杀猪》的故事，也清楚地知道欺骗孩子的后果，却还是明知故犯，只因为用"哄骗"的方式更容易达到目的。

泰山《格局之旅》的第四天上午，有位江苏爸爸打算提前离开，因为孩子第二天有个电视台演出录制，机会非常难得。无奈，6岁的儿子说什么都不肯离开，只想继续留下听我讲课。孩子爸爸无计可施，就对孩子说："我们就离开一会，演出完就回来了。"没想到，孩子听后依旧哭闹不止。爸爸又许了不少好处，孩子还是不肯妥协。

格格老师见孩子爸爸有些窘迫，就主动上前帮忙。她把孩子抱到旁边玩了一会，等孩子心情平复，就问他参加什么表演，有没有准备充分，为什么不想参加等问题。从孩子的回答中，她发现，其实孩子很想参加表演，只是舍不得离开

第 7 计　孩子说谎，教你科学引导

课堂。最重要的是，爸爸总是对他许诺，却很少兑现，所以他才不接受爸爸提出的"有利"条件。

"我知道你很喜欢周老师，很想继续听周老师的课，过几个月的北京《高校之旅》你就能再次见到周老师了。悄悄告诉你，你爸爸已经给你报名啦，他很支持你跟着周老师学习。但是演出不一样，你今天不去，可能就没有下次了。你学了那么久，练得那么好，不去参加多可惜呀，我和周老师都等着在电视上看你的表演呢！"

听了格格老师的话，孩子意识到，自己真的可以再见到周老师，而且周老师也想看到他的精彩演出，欢欢喜喜跟着爸爸回家去了。

在教育孩子上，父母千万不能抱有侥幸心理。如果你总是言而无信，总有一天，会在孩子面前彻底失去威信。

### 五、出于善意和帮助

为了保护他人、避免伤害，或是礼貌和尊重，我们或多或少都说过一些善意的谎言。有心理学家认为，说谎并非都是不良行为，它有时可以避免冲突、保护个人安全，为身边人带来愉悦，是一种人际交往技巧和高情商的体现。比如，有朋友问我们她是不是胖了，即使我们认为是的，也会说："没有吧。其实胖瘦大都是主观审美，你不用在意别人的评价，只要自己满意，不影响健康就可以。"在孩子表现不好时，对他说："你已经做得很好了，再努力就是了。"当妻

### 教子兵法

子因容颜衰老而恐惧时,安慰她说"你在我眼里永远是最美丽的。"

老师的建议是,"利他的谎言"可以有,但面对自己,请极度坦诚。

> 在说谎这件事上,"我"是否给孩子做了好的榜样?
>
> 在孩子犯错时,"我"是否关注错误多于解决问题?

**课后思考**

# 第8计 孩子虚荣别焦虑，两招让他做自己

周老师说，虚荣是指一个人过分讲究"面子"，内心却极度空虚、自卑、贪婪的性格缺陷。

很多人认为，虚荣心每个人都会有，其实不然。顾名思义，虚荣即虚假的荣誉，也可以理解为——不具备真材实料，不配得那份殊荣。

如果你付出了足够的努力，赢得了自己想要的赞美、夸奖、认同和追捧，就不是虚荣，而是受之无愧、实至名归。但要是能力不行、努力不够，还不断炫耀自己的光环和成就、一心追求奢侈生活、渴望别人仰视和羡慕、用谎言营造表面的光彩与荣耀，就是典型的虚荣型人格。

### 教子兵法

孩子的虚荣一般在青春期才突显出来，因为青春期孩子的一大特点就是自尊心变强。如果在这个阶段，他们的自尊得不到满足，极容易采取扭曲、错误的方式来实现，也就是虚荣。主要表现在：

#### 一、很害怕丢面子

虚荣的孩子内心非常自卑，他们无法接受别人的批评和否定。同时，他们非常注重外在、重视排场，出门前总会精心打扮，生怕自己不如别人。

#### 二、喜欢与人攀比

会嫉妒比自己强的人。为了和他们一样，可能会编造与对方同样的经历，使用与对方同样的物品，甚至会使用各种手段丑化对方的形象。

会打击比自己弱的人。通过抨击他人来获得自信，用弱者衬托自己，以获取成就感。

#### 三、喜欢自我炫耀

通过一遍遍强调和吹嘘自己的成就，来满足自己的虚荣心。甚至会编造一些从未发生过的事，来引起别人的羡慕和关注。

#### 四、时常自我麻醉

他们会不断地自我欺骗，把"想要却得不到"的生活安

第 8 计　孩子虚荣别焦虑，两招让他做自己

在自己身上，然后无比自然地说给别人，仿佛那些荣耀真的属于他们。这个时候，如果有人直截了当地将其唤醒，他们很可能因为无法接受现实而出现严重的心理问题。

许多父母在发现孩子有虚荣倾向时，只是一味地责怪孩子。殊不知，孩子虚荣心的养成大多与环境因素有关：

### 一、社会上的攀比之风

比如，有些学校会按照成绩高低排座位、长得好看的人普遍会受到优待、家境好的人总是被高看一眼、父母眼中"别人家的孩子"总是比自己优秀……这些不良之风，将孩子们不自觉地"卷"入其中。

### 二、父母的虚荣和纵容

有些父母为了不被别人看轻，总是不顾家里的真实条件，给自己和孩子买一些"别人都有"的东西。

久而久之，孩子也被父母的虚荣之心沾染，看到好东西就主动要求父母买给自己，一旦遭到拒绝，就会瞧不起父母，怨恨他们赚钱少、没本事。

周老师建议，父母们可以从以下两点入手，帮助孩子告别虚荣：

### 一、放弃攀比，客观评价孩子

在攀比之心的驱使下，父母们总是无法正确地评价孩子。要么过于"捧着"，让孩子误以为自己高人一等，接受

不了半点比别人差。要么过于"打压",让他得不到应有的肯定,只能靠假象换得奢侈的赞扬。

因此,想要孩子告别虚荣,第一步就是——学会对孩子做客观的评价。既能够看到并指出孩子的不足,也能够真诚地表达对孩子的欣赏。

### 二、拥抱现实,找到人生价值

虚荣的人,总是为了外在而活,内心充满了自卑和恐惧。他们很想拥有真正的实力和成果,又担心努力了也得不到回报,才会通过不光彩的手段,寻求暂时的满足。

必须要让他们相信,通过努力一定能够实现人生价值,他们才有信心回到现实。

有个吉林女孩一心想要考上浙江大学,最后,却以11分之差录到了长春的第二志愿。她从收到录取通知书那一刻起,就把它藏了起来,然后盗用了别人的浙大通知书照片发到了朋友圈,还配上了长长的软文,感谢父母的辛勤付出和自己多年的努力。

父母以为她真的考上了,欣喜万分,办了十分隆重的升学宴。之后的两年里,他们每次遇到亲朋好友,都会无比自豪地提起自己的女儿,说她考上了杭州的重点大学。

大学期间,她常在朋友圈里发杭州的风景和生活,只是人像照片全都是背影和侧脸。就这样,她瞒着所有人在长春上学,直到大三上学期才被人发现。

她的父母知道后觉得特别丢脸,几次打电话辱骂她、打

## 第 8 计　孩子虚荣别焦虑，两招让他做自己

击她，朋友们也都嘲笑她、疏远她，没多久她就患上了中度抑郁，无法继续学业。就在这个时候，她的妈妈从朋友口中知道了我，并把她带到了我的课堂。

刚开始，她对一切都抱有怀疑态度，每当她的辅导老师给学员做人生定位和学业规划时，她都会说："目标定那么高，肯定实现不了的。"

辅导老师耐心地告诉她："周老师说过，如果你的目标是考上北京大学，你就会朝着 680 分去努力，到最后就算达不到 680 分，也不会差得太多，上北京师范大学不是也很好吗？但如果你一开始就定的是北京师范大学，最后很可能连 600 分都考不了。'求其上者得其中，求其中者得其下'就是这个道理。有时候，定目标的意义不是为了分毫不差地实现，而是给我们一份动力，让我们不放弃、不躺平。"

"没有考上理想大学，还能实现人生定位吗？"她问。

"学业只是无数实现梦想的方式之一，它是捷径，却不是唯一途径。就好像我的梦想是成为一名青少年教育专家，就算我大学学的是中医，但只要我从现在开始，跟着周老师学习专业知识，在每一次游学和辅导学员的过程中，丰富自己的经验和阅历，几年过后，我一样可以成为这个领域的专家导师。"为了帮她打开心结，辅导老师又补充了一句："能考上理想大学当然好，但要是高考失利了也没关系，你还可以考研，或是我们再一起寻找其他方式实现人生价值。总之，不要本末倒置，放弃自己才是真正的得不偿失。"

教子兵法

最后,她在辅导老师的帮助下,制定出了人生定位和清晰规划。她决定,用实力来赢得自己应有的荣耀与掌声。

# 本章小结

在莫泊桑的小说《项链》中,玛蒂尔德向别人借了一条钻石项链,只为在晚会上炫耀自己的美丽。结果,项链在回家路上不慎丢失,她不得不借钱买了一条新项链还给朋友,又花了整整十年时间偿清债务。到这时她才得知,自己当初借来的不过是条假项链而已。

许多虚荣的人都像玛蒂尔德一般,在付出了巨大代价后才明白:**生活是过给自己的,虚荣、攀比毫无意义。拥有富足且强大的内心,才能拥有"人人羡慕"的理想生活。**

虚荣心会毁掉孩子的一生吗?

课后思考

# 第9计

## 叛逆的孩子很难管教，智慧的父母一招让你见效

周老师说，叛逆期是青少年成长、成熟过程中的一个特殊时期。很多家长都感觉到和处于叛逆期的孩子相处比较难，认为孩子在这个时期特别敏感、浮躁、不听话。

在孩子的成长过程中有三个叛逆时期，分别是幼儿期、童年期、青春期。每个叛逆时期，孩子都在不断加深对自我和世界的认识，他们渴望摆脱外界的束缚，把主动权掌握在自己手里。

其中，最让家长头疼的是青春期叛逆。主要表现有：

### 一、反抗权威

处于青春期的孩子，可能会对父母、老师的教育方式、社会道德风俗及学校的规章制度表现出不认同、不信任的态度，并通过各种与家庭、社会期望不符的行为表达对权威的反抗。比如迟到早退、厌学逃学、抽烟酗酒、与不良朋友交往等等，甚至还会出现违法犯罪行为。

### 二、疏离父母

此时的他们，既想拥有独立自主权，得到成年人平等的信任和尊重，又无法真正处理好生活和学习带来的诸多烦恼，渴望得到父母的帮助和保护。这种矛盾的心理，使孩子与父母之间产生了疏离感，导致双方交流减少或干脆拒绝交流。

### 三、放大情绪

由于大脑和激素的变化，以及负责行动控制的中枢系统尚未发育完全，青春期的孩子在情绪表达上往往更加极端和

第 9 计 叛逆的孩子很难管教，智慧的父母一招让你见效

剧烈。他们不仅喜怒哀乐随时切换，而且毫无逻辑可言，简直分分钟"逼疯"老师和爸妈。

孩子为什么会出现叛逆期呢？我们从主客观两个角度进行分析：

### 一、主观上，青少年强烈的自我意识

随着生理、心理的迅速发展，孩子们的独立意识和自我意识日益增强。他们反对成人把自己当成"小孩"，迫切地希望摆脱成人的监护。为了让外界重视自己的独立存在，他们就采取各种方法、手段，建立起了"自我"与外界的对抗关系。

### 二、客观上，父母们不当的教育方法

比如，父母对孩子的期望太高、过于严厉；剥夺孩子的玩耍时间，长期压制孩子的好奇心；有强烈的管控欲，反复唠叨等等。

看到这，很多父母都觉得委屈。他们想不通，为什么自己这么上心，孩子还是叛逆？

事实上，叛逆背后的心理动机是无助。而这种无助感，源于真正的需要长期得不到满足。

随着年龄的增长，孩子们的困惑越来越多。比如人际关系、情感问题、为什么要学习、大人的世界是什么样子……然而，在大部分父母的认知里，学生时期的孩子只需要自己提供经济上的帮助，也就是"我负责给你提供学杂费、补课

## 教子兵法

费、伙食费,你负责好好学习"。对于孩子其他方面的需求,父母们无从察觉,也就无从回应。

当孩子们羽翼渐丰,有能力自己探索这些答案时,他们就不信任父母,也不再指望得到父母的帮助。这也就是为什么,青春期的孩子你说什么他都不听了。

周老师建议,**父母们必须清楚地认识到,自己现在的任务是让孩子形成正确的三观、成为独立的大人,而不是想尽办法战胜"叛逆"之心,觉得熬过这几年就万事大吉。**

这些年,老师见到过太多这样的父母:在孩子上幼儿园或者小学时参加过一次游学,体验很好但没有长期跟随,直到孩子青春期出了问题,才急急忙忙带到我这里。

他们的情况基本别无二致。无非是孩子控诉父母强烈的掌控欲,说他们完全不理解自己,只想早点结束这样的生活。父母也能数出孩子一大堆毛病,仿佛这个孩子完全没有继续存在的意义。

2023年暑假课程后的一个周末,有位洛阳的妈妈带着儿子来到徐州学习。他们的辅导老师向我申请,能不能在课后做个单独辅导,因为这对母子的关系非常恶劣。就在坐火车过来的路上,妈妈还动手打了孩子,孩子也还手了。

果然,一见面气氛就十分压抑。两个人都一脸严肃,虽然是挨着坐,中间却隔了很宽的距离。

在交流的过程中,我发现这个孩子并不像妈妈说的那样一无是处,相反,他读过许多书,社会经验比同龄人更加丰

第 9 计 叛逆的孩子很难管教，智慧的父母一招让你见效

富，思维很有深度。他的妈妈也并非蛮不讲理，而且她在自己的行业领域还是翘楚精英。

掌握了详细情况后，老师从梦想入手，帮他梳理出了清晰的人生蓝图。未来，他将借助妈妈的能力和资源，在该领域继续开疆拓土。

通过这次沟通，母子俩不仅看到了对方的闪光点，还找到了共同话题。妈妈更是成了孩子事业上的伙伴和导师，每天和孩子相互鼓励，一起学习。

## 本章小结

很多家长尤其是父亲，不愿意放下身段，以平等的姿态和孩子相处。他们习惯了用命令的口吻和强制的方式，达到让孩子服从的目的。如果孩子企图反抗，家长就将其定性为"叛逆"。可当你以朋友、战友、伙伴的身份，平等地和孩子相处时，孩子的叛逆行为就会瞬间消失。因为他们只能叛变，不能"叛逆"。

包括导师，从来都是引导而非强制，是鼓励而非压制。

总之，**父母要学会以朋友或导师的身份重新走进孩子的内心**。所谓的一招轻松解决叛逆，诀窍就在这里。

教子兵法

了解孩子喜好，找到共同话题，和孩子成为朋友。

"叛逆"的究竟是父母还是孩子？

课后思考

# 第10计

## 孩子早恋不可怕，正确引导好处大

周老师说，早恋泛指过早地谈恋爱，可以理解为"在青春期建立的恋爱关系"。"早恋"一词通常带有长辈一方的反对性色彩，并且世界范围内仅在中国广泛使用。

### 教子兵法

进入青春期后,出现同性或异性爱慕倾向的青少年,会主动接近自己心仪的对象,双方交往频繁,相互倾心,就可能导致恋爱的发生。

早恋通常有下列四种特点:

#### 一、盲目性

青少年对于早恋发展的结局并不明确。他们往往只关注自己眼前的喜怒哀乐,很难平衡恋爱和学业,无法区分爱情和友谊。对于组建家庭、养育子女、赡养老人等问题更是缺乏成熟的认知和理性的规划。

#### 二、矛盾性

早恋的青少年们内心充满了矛盾。他们既想和自己喜欢的异性多多接触,又害怕被父母发现。可以说,早恋的过程是痛苦与快乐并存的。

对于暗恋的早恋者而言,矛盾性还体现在是否向对方表达爱意上。

#### 三、变化性

孩子们之间的感情往往比较幼稚,好感来得快去得也快。再者,青少年普遍欠缺处理人际关系的技巧和经验,在感情中也不懂得磨合、退让,容易冲动和情绪化,关系难以持久。

### 四、隐蔽性

早恋者在行为方式上大都极其隐蔽。他们通过书信、电话、手机或者其他网络渠道传递感情,进行秘密的私下沟通和感情交流,家长和老师们难以发现。但也有少数情侣会公开他们的恋爱关系,光明正大地在许多场合出双入对。

早恋的理由复杂多样,老师将其归纳为以下四种类型:

### 一、好奇型

随着性意识的逐渐觉醒,青少年会对异性的身体、生活、心理以及对自己的态度产生好奇。在好奇心的驱使下,他们渴望探索未知的领域,体验恋爱的乐趣。

### 二、跟风型

在孩子们没有成熟的人生观、世界观、爱情观之前,容易受到网络、影视作品和报刊书籍的影响,对甜甜的恋爱产生向往。或是看到身边的同学、朋友谈恋爱,自己也蠢蠢欲动,觉得"大家都这么做了,我也应该这样"。

### 三、补偿型

一些青少年在家庭和学习生活中遭受了挫折,长期缺乏关爱和安全感。为了忘掉痛苦,谋求补偿,他们急需一个可以依靠的对象。这类早恋融入了真实感情,容易发展深化。

## 四、逆反型

由于社会意识和舆论影响，青少年的两性交往常会受到家长、老师的不恰当干预，产生"你们不许我这样做，我偏要这样做"的心理。在这种逆反心理的作用下，原本正常恰当的异性交往很可能迅速向早恋发展。

周老师建议，当孩子出现早恋情况时，父母们应该这样引导：

### 一、喜欢和恋爱都没错

恋爱是非常正常的情感流露，是我们走向成熟的必经之路。**面对早恋，家长们千万不要如临大敌，将单纯美好的情愫想象成不可饶恕的错误。**

我们要学会接纳，并告诉孩子："爸爸妈妈也年轻过，能够明白你的心情。你能遇到自己喜欢的人，我们真心为你感到高兴。"用真诚的沟通打开孩子的心扉，是有效引导的第一步。

### 二、优秀是长久的前提

要让孩子知道，**感情美好而长久的前提，是自己持续进步、足够优秀。能遇到喜欢的人固然可喜，但只有最后还在一起，你们的相遇才有意义。**

格格老师在大学毕业后才来到我的课堂。当时，她刚刚和谈了七年的男朋友分手。

高考那年，她为了和那个男孩考到同一座城市，背着父

第 10 计　孩子早恋不可怕，正确引导好处大

母和老师偷偷改了志愿，录到了低一档的学校和不喜欢的专业。不想从事本专业的她，终于在大学毕业时陷入了深深的懊悔和迷茫。

而她的好朋友，从高一开始就和班长彼此喜欢，但一直没有确定关系。高考时，他们一个考上了北京大学，一个考上了浙江大学，毕业后俩人一起去上海工作才走到一起。这些年，他们俩始终没有放弃彼此，因为在他们眼里，对方就是全世界最优秀的人。

格格说，如果可以重新选择，她更愿意成为后者，在最好的时间里提升自己，再用最好的自己拥抱爱情。**懂得延迟满足，才能收获持久稳定的幸福。**

### 三、选择一个值得的人

家长们之所以因早恋而焦虑，无非是担心孩子荒废学业，或是突破"性"的底线。想要避免这两件事情发生，就要尽早为孩子树立正确的爱情观。

最简单的方法就是，和孩子探讨一个问题——值得爱的人是什么样子？

值得爱的人，一定目标坚定、言出必行、尊重他人、情绪稳定，内心充满阳光，时刻都在努力……

在探讨中，不动声色地为孩子植入一种信念：我要找到这样的人，同时，我也要成为这样的人。

教子兵法

## 本章小结

很多学员家长都会向我请教预防孩子早恋的秘诀,这个时候我就会教他们一招——提前沟通。就是在孩子进入青春期前,主动和他们探讨相关话题,比如:"你们班有没有人喜欢你呀?""魅力不行呀,像你这么大的时候我都收到好几封情书了!"

当我们用正常的态度接纳它时,孩子们就不会像做了坏事一样藏着掖着,才会更愿意和父母吐露心声,我们也更容易引领孩子,帮他们成长为更好的人。

所以老师才说,孩子早恋不可怕,正确引导好处大。

和孩子分享"我的青春期"

为什么早恋要靠"疏"而不是"堵"?

# 第11计

## 孩子性教育时间表,父母一定要看

周老师说,性教育是关于身体、情感、两性、亲密关系的整体教育。从一个孩子出生,我们和他培养情感和亲密关系时,性教育就已经开始了。

**教子兵法**

无论你是否意识到，在孩子成长的过程中，我们即便不谈"性"，也始终在给孩子普及性教育知识。

比如，你和伴侣之间的相处模式是恩爱还是疏离，就是在无形中进行亲密关系的教育。你在教育女孩的过程中，告诉她女孩应该软弱，还是男孩能做的女孩一样可以，就是在进行性别平等的教育。

所以，性教育并不是单纯的性生理知识教育。如果父母们懂得了这个道理，把性教育做到位，对促进孩子完整人格形成大有裨益。

我们先谈谈为什么要进行性教育？

### 一、未成年人性行为和人工流产数量攀升

最近，一个权威机构对第一次发生性行为的时间做了调查，数据表明：有28.8%的85后在高中及以前第一次发生性行为，而到了95后，选择了这个阶段的人占比竟高达47.5%。

由此可见，年轻人发生性行为的时间越来越早。那么，大家的防护意识又如何呢？

结果是，15到17岁的青少年中，首次性行为未使用安全套的比例是60.2%。在最近一次性行为中，未使用安全套的比例也全部超过了半数。这将带来一个非常严重的后果——全国每年人工流产数量将超过1000万。其中，未成年人占总人群数量的48%左右。

我无法忘记这些数据，因为我无法理解在各位家长都高

第 11 计　孩子性教育时间表，父母一定要看

声喊着"不能让孩子输在起跑线上"，在各种补习班越报越早、越报越多的今天，大家却选择不约而同地在性教育课中主动缺席！

**二、性骚扰、性侵害事件层出不穷**

老师最近接到很多家长的私信，大部分都是关于男孩在青春期遇到了有关性的问题。比如说，一位妈妈接到了老师的电话，说她的儿子在学校经常摸女孩的胸部和下体；妈妈发现，儿子会在她或者妹妹睡觉的时候偷偷去摸她们的身体……诸如此类，无疑都是性教育做晚了或者没有做的后果。

这还不是最可怕的。调查显示，在中国每 10 个未成年人中，至少有一人受过性侵犯。这个可怕的数据就是在向我们敲响警钟：对儿童性教育的禁忌就是性侵者最大的帮凶！

性教育一定是从幼儿时期就开始的，父母们应该摘下对性教育的有色眼镜，把性知识和学科知识同等看待。想想看，月经、阴道、阴茎和基数、偶数、自然数一样，都是学名。其实，性知识本身并不污。

当我们大方地跟孩子谈论性知识、性常识，孩子会有什么反应呢？老师做过实验：

第一，孩子不会过分好奇。

所谓的"潘多拉魔盒"被我们用一种比较温柔的方式打开了。这个时候，孩子就会认为它是一件稀松平常的事，不

## 教子兵法

会再过分好奇异性的身体。如果很多家长都刻意去避讳这个话题，当孩子发现自己的身体发生变化时，就会自己去寻找答案，比如通过青春疼痛小说、马赛克电影、不良网站等等。这个切入点，很可能就会带着孩子偏离正轨，让他们把握不好和异性交往的边界和尺度。

然而，现实生活中，很多人都是这样了解到的。

第二，尊重异性身体差异。

当我们告诉男孩：人类是一种哺乳动物，女性的胸部就是为了更好地哺育下一代。这样男孩在看到女生的身体变化时，就不会过分好奇，还会对女性更加尊重。

没有接受过性教育的男孩看到了发育比较好的女生，可能就会评头论足："你看她发育得多好啊，我们去要个联系方式吧！"这种行为，本质上就是对异性的身体结构不够尊重。

第三，对待爱情会更为纯真。

受过性教育的孩子，在追求爱情的过程中，就不会再以身体特征为首要目标。他们往往会更加看重心灵上的沟通或灵魂上的共鸣，也就是——你是否懂我。

事实上，好的性教育从来不是简单地讲解两性区别，而是让孩子更早地参与到异性生活中去，明白不同身体特征带来的不便。比如：妈妈们在每次来月经时，即使不痛苦也要表现出郁闷难受的状态，让儿子帮忙煮碗红糖水，让他帮忙扫扫地、洗洗碗。这样当他组成家庭时，就会更能体谅另一半的辛苦，两性关系也会更加和谐。

## 第 11 计　孩子性教育时间表，父母一定要看

那么，如何对孩子进行性教育呢？周老师建议，父母们根据这个时间表认真履行：

**1－3 岁，做最基础的性别启蒙。**包括自己的性别构造、性别意识、隐私部位。

从孩子能够确认并理解自己的性别开始，就要像教他们认识五官一样认识生殖器官。同时，不避讳地告诉孩子生殖器的名称和作用，以及保护和清洁它们的重要性。

在孩子 2－3 岁时，他们会开始对成年人的裸体产生兴趣，并有意识地观察父母和其他小伙伴的身体。其实，孩子对裸体的认识越早越好，观察、触摸都是孩子发出的好奇信号。这个时候，父母可以和孩子一起阅读儿童性教育绘本，让孩子通过图片了解男女性的身体构造，同时告诉孩子男女有别的观念，以及哪里是不可以随便让别人看和摸的部位。

**4－9 岁，进一步的性别认识。**包括不同性别角色的社会规范、隐私部位的自我清理，以及如何与异性朋友相处。

在这个年龄段，父母要告诉孩子：不能随意暴露自己的身体隐私，同时尊重他人的身体隐私。如果发现孩子开始玩性游戏，比如过家家、互看生殖器、互相抚摸性器官，请不要用道德评判孩子的性游戏行为，更不要羞辱和打骂孩子，给孩子留下心理阴影。父母应该给孩子建立的性价值观是：性是自然和健康的。

总而言之，儿童性教育要符合孩子的年龄认知。父母们既不需要提供两性活动的细节，也不需要晦涩难懂的专业词汇，更不需要提前唤醒孩子的性好奇，只需要放下对性教育

### 教子兵法

的"偏见",像教孩子拼音、数字一样自然就可以。因为很多时候,态度比答案更重要。

如果这个时期的父母跟孩子谈性有些害羞,老师给你们推荐几部儿童性教育短片,轻松帮你化解尴尬:

1.《小威向前冲》《生命的诞生物语》——讲小宝宝是怎么来的。

2.《丁丁豆豆成长故事》——帮助孩子掌握成长过程中需要的性知识,更好地认识和保护自己。

3.《不可以这么做》《儿童自我保护》——关于对坏人的识别和隐私部位的保护。

**9－12岁,告诉孩子将要发生的生理变化**。这个时期,孩子已经开始发育了,家长们既要关注到孩子的生理变化,也要很正常地去跟孩子讲性发育的常识。要让男生知道女生的月经是什么,让女生知道男生的遗精是什么。当你大大方方地把这些词说出来,它就不再是一件难以启齿、不可描述的事。

老师每次到学校讲座时都会告诉家长,不要把"性教育"变成一种"羞耻性的教育"。

有位爸爸曾向老师求助,说孩子妈妈发现了儿子躲到窗帘背后玩生殖器官。事后,她没有自己出面,而是让爸爸去和孩子沟通,顺便给儿子普及一下性知识。爸爸听完"两眼一抹黑",根本不知道从何说起,就找到了老师。

首先一定要先表扬这位妈妈,她在看到之后没有自己出面制止,而是找到了爸爸和孩子谈话,这就是一个正向引导

## 第 11 计 孩子性教育时间表，父母一定要看

的良性开端。这也说明了，他们能够理解并尊重孩子进入青春期之后的一些行为和变化。

接下来，老师教这位爸爸，从性发育知识入手，对孩子说："儿子，你现在进入了青春期，出现这种行为是很正常的，每个人都会有，爸爸小的时候也有过，所以你不要觉得害羞，因为你进入了青春期。随着身体的发育，你的心理也会发生一些变化，可能会产生性幻想，这依然是很正常的。"再讲到行为的场合："在你自慰时，选择在厕所里、你的房间里，或者其他你单独的空间里都可以，但是在公共场合是绝对不可以的。"同时，更要告诉孩子的是："这里是你的隐私部位，它是创造人类的器官，是神圣不可侵犯的，你要做好卫生清洁，并保护好它的安全。"

最后，老师还建议这位爸爸，一定要充分尊重孩子的隐私权，在家里给予孩子一个独立的空间。如果再遇到类似情况，就当作没有看到，不要因为一件事反复地说教和唠叨。只有保持良好的亲子关系，才能在真正出问题时，做到及时有效的制止或引导。

同样的，换作是女孩，这件事就要由妈妈讲。按照老师给出的三步法去操作，就能够顺利度过孩子的青春期。

**12－14岁**，深入了解两性的区别和交往原则。包括：两性生殖器的不同功能、男女常见的生理现象、与异性交往的正确方法、如何识别网上的不良信息、如何做到自我保护等。

## 教子兵法

这个时期,父母跟孩子交流有关性的话题,可以借助两部动画片:

1.《明明白白我的性》——说说那些父母们难以启齿的性知识。

2.《一分钟性教育》——青少年必备的性知识、自我保护的小技巧。

**15－18岁,谈一谈关于爱情、婚姻与性。**包括:早恋、婚前性行为的责任与后果、艾滋病的基本知识、对不同性取向的尊重、正确的恋爱观和择偶观等。

青春期的孩子开始对异性产生兴趣,并且有想要了解和亲近的欲望,此时父母们,要关注到孩子的心理变化,并为孩子设下边界,避免他们因好奇而偷尝禁果。

如果这个时期,孩子被人追求,一定要趁他们茫然不知所措之际说这几句话,老师以女儿为例:

第一,有男孩喜欢你,说明你很出色,爸爸妈妈为你感到很骄傲,祝贺你!

第二,在与男生交往的时候,一定要保护好自己身体的底线,你的隐私部位,在未经自己许可的前提下,绝对不能让任何人碰触。

第三,去一个男生家里做客的时候,你一定要留心观察,他爸爸对待他妈妈的方式,往往就是这个男生对待女生的方式。

第四,跟任何人相处,不管多晚,一定要准时回家吃饭。

第 11 计　孩子性教育时间表，父母一定要看

除了这四句话之外，家长也可以用探讨的方式，和孩子聊聊初恋和暗恋、能不能单独和异性约会、网恋到底靠不靠谱、如何区分友情和爱情、遇到不良行为如何反抗等等，让孩子在好好把握和享受美好青春的同时，保护好自己，不要留下任何的阴影和遗憾。

## 本章小结

家长和孩子之间必须进行一场关键对话，这场对话绕不开的话题就是性。老师能够理解，完整按照时间表操作实施对于中国家长的难度有多大。

不妨让孩子也读读这本"成长参考书"，让书本替你说出，那些你想说却又难以启齿的话，让书本代你解答，孩子想问却又说不出口的问题。就请安心在这里，为你所有的迷茫寻找答案吧！

**课后作业**

对照时间表，找到孩子所在的年龄段，完成当前的相应任务。（之前欠下的任务也要补上）

# 第12计

## 如何防止校园欺凌,从源头解决更有效

周老师说,校园欺凌是指在校园内、上学放学途中和学校组织的活动中,由老师、学生或校外人员通过各种方式手段,蓄意对师生实施侵害的行为,包括人身欺凌、财产欺凌、言语欺凌、社交欺凌、网络欺凌和精神欺凌六种。

写到这里,恰好是邯郸案发生后的第十天。原本这一章的主题叫做《如何防止校园欺凌,这5招比打回去更有效》,讲怎样让受害者强大起来。可是现在老师改变了主意,因为"解铃还须系铃人",系铃的不是弱小的受害者,而是残忍的欺凌者。

欺凌者往往性格冷漠、无视他人痛苦,具有反社会人格。在他们眼里,受害者的弱小是一种不可饶恕的错误,需要自己去"替天行道"。这种可怕的思维方式,多源于错误的家庭教育。

什么样的家庭更容易培养出欺凌者?

### 一、偏爱、溺爱孩子的家庭

那些"集万千宠爱于一身"的孩子,更容易产生唯我独尊的心理。当看不惯某个人的言行举止,或者想法意见遭到反对时,他们都会认为自身的利益受到了侵害,继而采取各种行动"防卫"和反击。

### 二、父母情绪不稳定的家庭

孩子是父母的一面镜子。如果父母经常用打骂的方式教育孩子,孩子难免会产生"人不听话打一顿就好了"的心理。当孩子承受了太多来自父母的暴力和压力,他就会模仿父母的行为,想通过同样的方式找人发泄情绪。

第 12 计　如何防止校园欺凌，从源头解决更有效

### 三、缺少德育的家庭

有的家长对自己的父母不够孝顺，对另一半也不够尊重，即便想用正确的方法教育孩子，也缺乏说服力。还有的父母因为忙于工作或是压根没这个意识，就任由孩子野蛮生长。当发现孩子变得不懂感恩、冷漠无情的时候，想把他们拉回正道也力不从心了。

当然，校园欺凌屡禁不止和学校、老师的忽视也有很大关系。一些老师只想着狠抓学习，对于孩子的身心发展甚少关注，他们很难发现校园欺凌的存在，直到受害者成绩大幅下降才会重视起来。

周老师建议，父母们要清醒地认识到，校园欺凌属于违法行为，当发现孩子存在自私冷漠、不懂感恩、偏激易怒等不良倾向时，一定要高度警惕。在发生不可挽回的悲剧之前，让孩子明白：

### 一、什么是真正的强大

校园欺凌的实施者们大都是未成年人，他们伤害别人的目的往往并不复杂，无非是发泄自己的情绪、满足自己的快感、证明自己的强大。

他们并没有坏到无可救药，只是三观尚未成熟，错误地认为，把弱者"踩在脚下"、获得所有人的认同或臣服才叫强大。这个时候，就需要父母、老师，最好是一位孩子心目中的权威人物出面，帮他们纠正错误的想法，将欺凌的种子提前扼杀。

### 教子兵法

告诉他们：**真正的强大从来不是征服别人，而是战胜自我**。战胜自我的阴暗、冷漠、自私、脆弱，允许他人的不同选择、不同活法。

还有，关怀弱者比欺凌弱者更能体现一个人的强大。

#### 二、什么是真正的快乐

许多欺凌者认为，和自己眼中的虚伪、丑恶、错误的存在做对抗是一件无比正义的事情，并以此为乐，作为自我价值感的源泉。然而，这种"畸形的快感"往往伴随着恐惧和焦虑，他们也迫切地希望有一个人出现，告诉他们如何获得长期、稳定、心安理得的快乐。

事实上，**真正的快乐就是对生命的热爱**。而父母能做到的，就是帮助孩子找到自己热爱的事并鼓励他们一路坚持。

#### 三、什么是真正的朋友

真正的朋友可以平等相处，做到相互尊重、相互理解、相互帮助、相互激励。即便你并不完美，他们也总能发现你的优点，希望你过得更好更幸福。

而不良的圈子里，总是充满了攀比、迎合、嫉妒、贬低，让人倍感压抑。一不小心，孩子就可能在别人的怂恿、威胁之下，成了欺凌者之一。

在讲到《断舍离》这一课时，老师常会带孩子们做一个关于圈子的实验：

先让一个孩子自己围着会场跑一圈，用时 20 秒。再让

第 12 计　如何防止校园欺凌，从源头解决更有效

他背上一个孩子跑一圈，用时 50 秒。接着，他又要在助教和教官的帮助下，背上两个孩子跑第三圈。

大部分孩子在这个环节就跑不动了，即便坚持下来，也要用上两分多钟的时间。就在这个孩子即将精疲力尽之时，老师找来一群孩子推着他跑，大家非常轻松地用 17 秒就跑完了一圈。

这个实验告诉我们，遇到不良的朋友就像背着他跑圈，一开始只会影响你进步的速度，时间长了、数量多了就会将你彻底拖垮。而一个正能量的朋友会带给你无限的能量和勇气，陪你一起进步，迎接更好的自己。

## 本章小结

当校园欺凌发生时，周围的每个孩子都是参与者。而我们常常只顾着批判欺凌者、同情受害者，却忘了那些看似中

**教子兵法**

立的旁观者，其实早已做出了选择——他们选择了站在邪恶的一侧。

所以，这一章请每一位父母认真学习，并告诉我们的孩子：不要做冷漠的旁观者，更不能成为罪恶的欺凌者！

从现在开始，将德育放在家庭教育的首位。

# 第13计

## 孩子情商低比成绩差更可怕

周老师说,高情商的人通常具备四种思维模式:

第一,共情模式。具备一定的理解能力和观察能力,可以读懂别人的喜怒哀乐。

第二,表达模式。拥有良好的表达能力,能够用恰当的方式表达自己的见解和感受。

第三,调控模式。擅长情绪管理,可以在情绪波动时做到及时的自我调整,知道解决问题比发泄情绪更重要。

第四,激励模式。善于自我激励,能够发现自己的优势、肯定自己的能力,在逆境中不断给予自己力量和勇气。

### 教子兵法

具备这四种能力的孩子不仅会在工作、生活中获得偏爱，也更容易感受到世界的美好和幸福。而欠缺了某一种甚至多种的孩子，都属于低情商范畴，他们往往会陷入人际关系危机，难以从容应对各项人生挑战。所以我们这一章的主题才是——情商低比成绩差更可怕。

孩子情商发展多与四大因素有关：

### 一、家庭

家是孩子成长的起点。家庭中的家庭结构、陪伴程度、榜样行为、家庭氛围、亲子关系、经济条件、居住环境等方面表现出的差异，父母的教养方式是权威型、放纵型，还是民主型，都影响着儿童情商的发展。

### 二、社会

孩子置身于社会之中，周围的人事物，影视作品、小说中的主人公，都是他们模仿的对象。昔年"孟母三迁"，从墓地搬到市集，从市集搬到屠宰场，又从屠宰场搬到学堂附近，就生动诠释了社会环境对孩子三观塑造、人格培养的重要性。

### 三、学校

老师是孩子心目中的权威人物，他们的行为举止、引导评价往往会影响孩子的一生。如果孩子在学生时代，遇到了在教学中融入情商教育的老师，无疑是莫大的幸运。

## 第 13 计　孩子情商低比成绩差更可怕

小学阶段是情商培养的黄金时期，学校多组织集体活动、增加音体美等兴趣课程，对培养儿童的人际交往能力、情绪管理能力也有益处。

**四、遗传**

家族基因和母亲孕期情绪，都会对孩子的先天性格产生影响。那些天性乐观、情绪稳定、语言表达能力强的孩子，更有利于未来的情商培养。

周老师建议，家长们应根据孩子的类型选择合适的方法：

**一、直率型——早知道你不爱听我就不说了**

这些孩子往往心无城府、不拘小节，喜欢直来直去，从不伪装自己。他们没有意识到自己的言行伤害到了别人，在被对方明确指出后，还会陷入深深的痛苦和自责，出现自我怀疑、自我否定等消极情绪。

这类情况在校园当中比较普遍，职场中较少出现。

虽然，社会的历练会让孩子们迅速成长，但过程中会不断考验孩子的心理承受能力，让孩子感到痛苦和压力。身为父母，有责任尽早发现并帮助孩子摆脱人际关系危机。

有位大一新生曾在老师的网络后台留言，说她最近和室友出现了一些矛盾，让她十分苦恼。

事情的起因，是她从学姐处听说室友的导师患了癌症，她就将这件事告诉了室友。

### 教子兵法

原本她只想着让室友多了解导师的情况,多关心导师的身体,没想到室友听后脸色大变,立刻反驳她:"不可能,他生病了我怎么会不知道!"

为了让室友相信自己,她便抬出了学姐,说学姐的人脉很广,消息从来不会出错。结果室友直接怒了,丢下一句:"如果我告诉你,你家人得了癌症,你什么心情?"接着连续两天都没再和她说话。她现在非常自责,认为都是自己的错,要是没和室友说这些话就好了。

从她的难过程度和主动求助中我们不难看出,这个孩子的出发点是善意的,而现在的结果是她没有预料到的。针对这种类型,老师的做法是,先肯定初衷,再解决问题——肯定初衷是为了让她保持住这份真诚和纯粹,解决问题是为了让她更好地适应这个社会。

老师回答她:"你相信学姐没有错,把你认为对舍友有帮助的事告诉她也没有错,但如果你能掌握一些沟通技巧和交往技巧,这次的矛盾是可以避免的。"

"第一,在沟通前要换位思考,看看这些话自己能否接受,得到肯定的答案再开始行动。第二,在沟通中看到室友不悦,话题就可以到此为止了,用一句'那可能是我听错了吧',给彼此一个台阶下。第三,如果还是产生了矛盾,就要勇敢地担当和面对。可以选择主动示好、送个对方喜欢的小礼物或是道歉等方式,相信室友一定会谅解你。

最重要的是学会总结经验,往后有意识地留心身边人喜

第 13 计　孩子情商低比成绩差更可怕

好，明确他们的底线。这不是迎合，而是帮你建立和谐融洽的同学关系，以愉快的心情，面对未来四年的生活和学习。"

**二、利己型——这话你不爱听我也得说**

比如，以"为你好"的名义不停讲大道理，以直性子做掩护发泄不良情绪，还有不服就怼的"杠精"、一点就着的脾气，都是明知道会伤人，影响双方的关系，还是选择了"低情商"的方式处理。

在这里老师必须强调一点，**情商低只是在与人交往和遇到问题时处理的方式不够柔软、成熟，不包括网络暴力、幸灾乐祸、无缘无故出口伤人、不择手段达到目的等恶劣行为。**所谓的"利己型"也没有品质上的问题，因为爱自己本就是一切的前提。

面对"利己型"孩子，父母就要先帮他们分析利弊，让他们明白情绪稳定才能更好地处理问题，学会用"理性利己主义"代替"损人利己主义"。

## 本章小结

以上的讲解多为心法，想要真正具备高情商的四种思维，还需要长期的实践和学习。

不过，核心技法只有一句：换位思考，少说多听。

# 第14计

## 发挥内向性格的竞争力

> 周老师说：内向型的孩子喜欢独处和思考，这种与自己相处的方式可以令他们感到愉悦、获得能量。

## 教子兵法

人的外形有高矮胖瘦，人的性格也各有不同。有的孩子生来内向，寡言少语、不擅社交；有的孩子生来外向，能说会道、广交朋友。当代社会普遍推崇外向性格，认为内向是一种"缺点"，需要扭转和改正。

**事实上，内向本身并没有贬义色彩，而且它和外向一样，也具有许多令人羡慕的特质和优势：**

1. 善于理性思考，做事深思熟虑；
2. 善于观察和聆听，共情能力强；
3. 沉稳可靠，做事专注、耐心；
4. 有丰富的内心世界和高质量的社交圈。

除先天因素以外，内向性格的形成还与三大因素有关：

### 一、父母的嘲笑和批评

相比成年人，孩子更加敏感、脆弱，在我们眼中许多微不足道的小事，都可能给孩子造成严重的心理阴影。比如，一些父母会经常当着孩子的面，拿他们的"糗事"开玩笑，甚至在外人面前或公共场合。即便没有恶意，也会对孩子的自尊心造成一定的影响和伤害。

如果是当众批评，则更容易让孩子陷入自卑和羞愧。每次站在人群之中，他们都会感到恐惧和压迫，只想快速逃离，回到自己的小世界里。

### 二、孩子缺乏安全感

得不到父母"高质量"陪伴的孩子，往往会缺乏安全感。

## 第 14 计　发挥内向性格的竞争力

他们胆小、不自信、不敢自我表达，对外界始终处于一种防备姿态，很难与陌生人、陌生环境建立信任感。

### 三、过度的关心和保护

在父母精心呵护下长大的孩子，缺乏独立探索、训练胆商的机会，他们习惯于得到别人的帮助，缺乏勇气和自我保护能力。当这些孩子脱离了父母的保护，进入了学校和社交圈，就会发现自己什么都不会做，屡屡碰壁，自信心严重受挫。

权威部门做过一个调查，发现全世界的成功者当中，有70%都是内向性格的人。如：爱因斯坦、巴菲特、村上春树、乔布斯、林肯……这和内向性格冷静、专注、善于思考的特质是分不开的。

周老师建议，与其让内向的孩子改变性格，不如想办法放大他们的性格优势：

### 一、摘掉有色眼镜

面对内向的孩子，父母的一贯思路就是——想办法把他变得外向。可如果这件事换到伴侣身上，大家的做法就会明智得多。就好像，妈妈们总会将爸爸的"沉默寡言"自动美化成"深沉内敛"，爸爸们也喜欢妈妈的"知书达礼"远胜过"喋喋不休"。

父母们不会要求自己不善言辞的另一半在公开场合侃侃而谈，却总希望内向的孩子在家庭聚会或公共场合进行一场漂亮的即兴演讲。到最后，失望收场，父母们感到愤怒、丢脸、尴尬，却忘了造成这一切的，根本不是孩子的内向，而是自己的双标。

**当我们不再将孩子的内向视为缺点时，才能做到欣赏、支持、鼓励、包容，才能让孩子拥有自信和勇气，发挥出自己的能量。**

### 二、更多的爱和耐心

教育孩子就像培育花朵，耐心和爱缺一不可。**而内向的孩子就是一颗特殊的种子，请允许他比别人慢，请相信他总会"开花"。**

杭州《传奇之旅》上，有一个说什么都不肯上台的孩子。团队分享时，他也只是低着头一言不发。每当看到儿子那副"无药可救"的模样，他的妈妈都会气得两眼冒火，恨不得当场揍他一顿。

辅导老师看出了她的焦虑，劝她不要心急。还说，有的孩子是慢热型，有的孩子是速热型，我们要尊重孩子的成长节奏。尤其慢热型的孩子，更需要给他们足够的时间去融入和适应。

作为老师，我们非常清楚，这些孩子并不是没有收获，只是不像其他孩子那样擅长表达。然而，家长们大都通过语言和行为判定孩子是否有成长，忽略了他们在深度思考后得到的内在能量。

值得庆幸的是，这位妈妈在看不到孩子外在改变的情况

第 14 计　发挥内向性格的竞争力

下,依然选择了长期跟随,并带着孩子一期不落的参加。每次的团队分享中,这位妈妈都和辅导老师一起鼓励孩子,即使他仍旧一言不发。

终于,在一年后的泰山《格局之旅》上,这个孩子勇敢走上了千人舞台,发表了七分钟的精彩演讲。他的演讲,有震撼、有感动、有力量、有深度,有 365 天的积累和沉淀,还有妈妈无条件的相信与守护。

## 本章小结

老师见过各种各样的孩子,有的开朗活泼,有的腼腆安静,有的不善言辞但能力出众,有的能说会道却资质平平。**实践经验告诉我,性格和能力并没有直接关系。**

**家长们总觉得"内向不如外向",其实并不是输在了孩子的性格上,而是输在了父母的心态上。**

# 第 15 计

## 自我否定是抑郁的开始

周老师说,自我否定的孩子自卑、怯懦、回避,无法跟他人建立持续稳定的亲密关系,极易产生焦虑、抑郁、恐惧等不良情绪。

### 教子兵法

习惯性自我否定的人,时常沉浸在负面情绪之中,处于精神内耗状态。主要表现为:

#### 一、总把"我不行"挂在嘴边

他们眼里的自己一无是处,干啥啥不行。做一件事之前,他们总会提前预设出不好的结果,然后拼命打击自己,最后只能选择放弃。但他们同样不喜欢这个轻易放弃的自己。所以,无论是失败还是放弃,他们总会找到理由嫌弃自己。

#### 二、过于追求完美

完美主义的人总喜欢给自己设定很高的标准,如果没有达成目标,他们就会难过、生气、质疑和苛责自己。久而久之,很容易挫伤自己的自信心,陷入自我否定的恶性循环。

#### 三、过于敏感懂事

过早或过于懂事的孩子总是活得很累。他们会为了达成别人的预期不断努力,会在让别人失望时感到自责和焦虑。他们害怕成为别人的负担,害怕被讨厌和抛弃,却唯独忘了好好疼爱和珍惜自己。

孩子为什么会陷入内疚、自责和自我否定之中呢?

他们很可能在儿时遭遇过创伤性事件,比如:亲人的离开、离世,有过被人抛弃的经历;在家里不被爱,或者是感觉不到爱;总是被否定、被人讨厌、被人攻击等等。

在孩子小的时候,有过这些痛苦的经历又无能为力,他

## 第15计 自我否定是抑郁的开始

们就会认为"一定是因为我不够好,这一切才会发生。也许我变得足够好,就不会再这样了。"

这种"自责否定模式",让他们感到了一丝希望和安慰。每当失控事件发生时,他们就会以自责的方式进行心理暗示,终于将自信彻底摧毁,认为自己不值得被爱,活着毫无价值。

所以,老师才会说——自我否定是抑郁的开始。

周老师建议,家长们可以尝试以下两个方法,帮助孩子告别自我否定:

### 一、"你好优秀"便利贴

用便利贴记录孩子每一个细小的进步和闪光点,贴在家里各个显眼的位置。全家人齐心合力,帮助孩子寻找优点、建立自信。

一个初二男孩从小性格内向、不善表达,又没有什么兴趣和特长,他总觉得自己样样不如别人。

他的妈妈在老师的直播课中学到了这个方法,就试着把对孩子的夸奖写到便利贴上,贴到客厅和他的房间当中。她也不知道这个方法到底有没有用,但她还是始终坚持着,把儿子每一个细小的进步记录下来。一段时间后,贴满了整整一面墙。

有次男孩成绩下降,老师当着全班同学的面对他进行了严厉的批评。其实老师并没有说任何侮辱性的语言,但在一个时常自我否定的孩子听来,那些话语就像刀剑一样锋利。

### 教子兵法

回到家后,这个孩子越想越难过。就在他沉浸在痛苦中无法自拔时,无意抬头看到了墙上满满的字条。

"我的儿子很讲信用,说好玩一个半小时的手机,他一分钟都没有超时。"

"我的儿子很有气度,小侄子拿走了他很喜欢的玩具,他没有不开心也没有发脾气"。

"我的儿子很孝顺,亲手为我做了一盘紫菜包饭,嫁给他的女孩一定会很幸福。"

"我的儿子很勇敢,竟然在课堂上指出了老师讲课中的错误。"

以前,男孩总认为妈妈做的这些事情毫无意义,可这一刻他突然觉得这些纸条珍贵无比。妈妈亲手写下的一字一句,让他意识到自己是个有用的人。

从那以后,男孩再也没有抱怨和否定自己,他还会常常鼓励身边的人,笑容变得越来越灿烂。

### 二、潜意识疗愈法

世界上有三大力量:爱的力量、幽默风趣的力量,还有潜意识的力量。潜意识可以影响一个人的心理、认知、情绪、行为……拥有积极、正确的潜意识,能够帮助孩子轻松战胜自我否定。

如何让潜意识提供源源不断的正能量呢?

老师最常使用的就是暗示法,分为外源暗示和自我暗示。

## 第 15 计　自我否定是抑郁的开始

1. 外源暗示：

像我们教育孩子就属于外源暗示。总是批评和打击孩子，就是在对他进行消极的心理暗示。同时，越是权威人物的暗示就越容易产生效果，比如，父母和老师。

在心理学上，有一个非常著名的实验。一对双胞胎兄弟同时去检查身体，原本是弟弟身上有癌细胞，哥哥没有。但是医生搞错了，对哥哥进行了一系列的治疗。在医生的外源暗示下，哥哥对自己患病一事深信不疑。结果，当他们再次检查身体时，弟弟身上的癌细胞消失了，哥哥体内却出现了癌细胞。

所以，父母们一定要学会赞美和鼓励，多用正面词汇，给予孩子正向的心理暗示。

2. 自我暗示：

自我暗示就是给我们的内心"下指令"。积极、正确的指令可以让我们乐观、向上、自信、主动。反之，则会阻碍我们的前进和成长。

很多不自信的孩子，在自我暗示时也会出现质疑或否定反应。老师给你们的建议就是——重复。通过重复，不断加深自己的信念感，只有你对此深信不疑，才会为此付诸行动。

教子兵法

## 本章小结

习惯性自我否定的孩子，内心都有一个巨大的缺口。因为缺少爱，所以不完整。

这就需要父母们用爱去填满它。在孩子进步时，对他说"你真棒，你值得所有的爱"；在孩子犯错时，对他说"没关系，我还爱你"；在孩子自卑时，对他说"你有很多优点，我都看得到"……

写下第一个"你好优秀"便利贴

"我"是否给予了孩子正面的外源暗示？

# 第16计

## 克服自卑，提升自信的三大方法

周老师说，自卑大部分源于童年的心理创伤，其本质是对自我负面特质的不接纳。

许多外在优秀的人仍然会有自卑心理，他们不断让自己接近完美，却仍然无法弥补内心的情感缺失。

教子兵法

**人们或多或少都会有一些心理阴影,而自卑是其中最难被察觉、影响最大、最难弥合的一种。**过度的自卑会影响孩子的成长进步、人际交往和身心健康,成为未来工作和生活的阻碍。具体表现在:

第一,自我否定。容易自责,经常对自己的价值和能力产生怀疑。遇到事情举棋不定,不敢轻易去尝试,总是错失机会。

第二,敏感多疑。对别人的言语和态度非常在意,经常胡思乱想,看待事情的角度过于悲观。

第三,习惯讨好。内心自卑的人,很难做到自我接纳和自我激励,只能拼命努力,博得外界的赞美和认同。他们通常说每句话的时候都小心翼翼,生怕影响自己在对方心目中的形象。

第四,不善沟通。缺乏人际交往能力,害怕去人多的地方,不敢和人打招呼、不敢当众发言、也不敢与人对视。

孩子的自卑是如何产生的呢?

## 一、先天因素

如果一个人对自己外表、出身、相貌、身材、体重、肤色等方面评价过低,很可能导致自卑感的产生。

就好像,有些女生常因为自己不够漂亮、肤色不够白皙而感到失落;男生们也会因为自己身材不够高大、面容不够英俊而时常苦恼。

那些存在先天残疾和生理缺陷的人,自卑感的现象就更普遍了。

## 二、性格因素

性格内向的人对事物的感受能力更强,尤其对事件产生的负面影响常有放大趋向。同样面对失败、指责、压力、打击,对他们的影响往往更大。要是无法得到及时的排解和宣泄,产生自卑的可能性也会增加。

一些不善人际交往的孩子,看到性格外向的同学表达能力强、更受人欢迎,也可能心生羡慕,对自己的性格产生厌恶。

## 三、家庭因素

心理学上有一个词叫做"镜映",指人们常把别人对自己的态度和评价当做镜子,由此形成对自我的认知。

一些父母总是以极高的标准要求孩子,当孩子的行为或成绩不符合自己的期望时,就会无情地对孩子进行贬低。在"镜映"的作用下,孩子很可能会内化父母的贬低,认为自己真的不够好,从而对自尊心和自信心造成严重伤害。

此外,家境贫寒、父母感情不合、父母特殊的职业经历,也可能使孩子出现自卑感。

周老师建议,当孩子因自卑影响了生活和身心健康,父母们一定要陪他一起尝试,建立自信的三大方法:

教子兵法

## 一、广泛阅读，让内在"富"起来

阅读不仅能帮我们增长知识、开阔视野，也能抚慰心灵，帮助我们更好地理解生活。当我们感到彷徨、困惑、无助时，都可以在书本中得到治愈、寻到"解药"。

在书中，我们认识了至纯至性、才华横溢却情深不寿的林黛玉；我们认识了弘毅宽厚、百折不挠，却抱憾而终的刘玄德；我们认识了战功赫赫、威名远播，却在23岁陨落的霍去病；还有眼看胜利在望却被十二道金牌召回的岳飞；前半生如愿，后半生颠簸的李清照；苦等寒窑十八年，只换来十八天凤冠的王宝钏；一生忠心耿耿，最终愤懑自杀的"飞将军"李广……

一个个生动的形象，都在告诉我们：**这个世界上不存在完美的人，也不存在完美的人生，我们不需要对自己太过苛刻。**

## 二、坚持运动，让外在"美"起来

运动可以让我们焕发生命力。中强度的运动能够激活多巴胺、血清素和内啡肽，使人体达到快乐状态。

运动可以让我们更加受欢迎。都说"先天靠运气，后天靠自律"，**经常锻炼的人可以拥有清透的皮肤、紧致的身材、年轻的面庞，在不知不觉中帮你"重获新生"。**

## 三、有效激励，让孩子"笑"起来

孩子渴求赞美就像花朵渴求雨露，都是茁壮成长必需的

## 第 16 计　克服自卑，提升自信的三大方法

养料。而自卑的孩子就是寒冬时节的野花，没有温暖、无人欣赏。父母们要学会给予孩子有温度的赞美，也就是要细心留意他们每一个细小的闪光点，做有理有据的表扬，不是随口的一句"干得好""你真棒"。

就好像《只有你能欣赏我》那则故事中，将"问题儿子"培养到清华大学的智慧妈妈，每次在表扬孩子的时候，她都能说出孩子具体的进步之处，给他未来继续努力的方向："宝宝以前在椅子上一分钟都做不了，现在能坐三分钟了""老师对你充满信心，他说你并不是一个笨孩子，只要你能细心一些，下次一定能超过你的同桌，这一次他排在 21 名。"

通过有效激励，让孩子感受到来自父母的欣赏和关注，找回面对困难的勇气。这份勇气，将成为他们建立自信、重塑自尊的坚实基础。

## 本章小结

自卑的人，常喜欢用自己的短处比别人的长处，似乎在想尽办法证明，自己不如别人。可问题在于，为什么要去比较呢？

其实，自信的人并不是样样都好，只不过他们想的是："我能在自己身上找到闪光点，这就足够了。"

# 第 17 计

## 自闭干预，父母三大必修课

周老师说，自闭症又叫孤独症，是一种先天性的精神障碍疾病。患有自闭症的孩子，就像在漆黑夜空中独自闪烁着的星星，所以又被称为"星星的孩子"。他们沉浸在自己的世界里，有着异于常人的思维，无法与家人或同伴进行有效的沟通。

## 教子兵法

据2019年发布的《中国自闭症教育康复行业发展状况报告》显示，我国自闭症发病率达0.7%，患者已超过1000万。其中，0—14岁儿童超过300万。

可见，自闭症并非是一种罕见病，它已经成为儿童精神残疾第一大病症。但仍有许多家庭从未听过这样的词汇，甚至认为自闭症只是不愿与人交流的轻微心理疾病。

如何判断孩子是否患有自闭症呢？家长们可以通过"四大方面"进行初步评估：

一、社会交往评估。患有自闭症的孩子会回避与他人的目光接触，不愿与人眼神交流。对别人的声音没有反应，哪怕父母呼唤他的名字也不会回应。他们也不与别人玩耍，无法与父母、同龄人建立正常的社会关系。

二、言语沟通评估。孩子不理解别人说的话，自己也做不到清晰表达，语调、语速、内容都比较怪异。他们普遍比正常的孩子说话晚，少数会出现失去语言功能或语言倒退的现象。

三、日常行为评估。自闭症患儿往往对人的依恋程度不高，对物更感兴趣。比如一枚硬币、一个水瓶、一件衣服、一根绳子……就能够重复玩上一整天。他们还喜欢重复别人的话语，或是哭闹、傻笑、拍手等一系列奇怪的行为。当这种重复的日常行为被阻止时，他们会表现出急躁、焦虑甚至反抗的情绪。

四、其他行为评估。一些孩子会表现出多动、自伤、攻击、冲动、固执、亢奋、睡眠和肠道问题等。根据先天基因条件和父母引导方式不同，每个孩子的情况都有所差异。

## 第 17 计　自闭干预，父母三大必修课

许多家长会问，孩子为什么会得自闭症呢？是家庭不够温暖吗？是父母不够关注吗？

当然不是。自闭症是一种先天性疾病，尽管迄今为止都没有找到确切的发病原因，但可以肯定的是，这并不是一种情绪问题。大部分专家认为，孩子患有自闭症多与遗传因素、脑功能异常发育及大气污染有关。另外，父母高龄生育、母亲孕期情绪和药物使用等因素，也可能增加新生儿患上自闭症的风险。

周老师建议，和自闭症孩子建立依恋，父母们要学会"三大必修课"：

### 一、自理能力训练

父母们常会忽视孩子自理能力的训练，导致许多自闭症患儿在8、9岁时，还无法自己吃饭、穿衣服。

自理能力是独立生活的先决条件。父母要有意识地，尽早训练孩子洗脸、刷牙、梳头、穿衣、吃饭、上厕所、洗衣服、整理家务等生活必需技能，为以后的学习、生活、人际交往打下良好基础。

### 二、语言沟通训练

语言能力的提高，可以促进孩子想象力、逻辑思维能力、人际交往能力的发展。尽管孩子不说话或者是很少说话，家长们也有必要进行持续的语言训练。

先从问答开始，选择孩子喜欢的、容易接受的声音和内

### 教子兵法

容,鼓励孩子用语言表达自己的意愿。比如问他:"这是什么?""这是哪里?""这是谁?""你是谁?"等等。不断用简单的问句打开孩子的语言开关。

接着,通过亲子互动,引导孩子主动表达。践行这一点时,大家不需要感到烦恼或是有压力,其实亲子互动的核心就是陪伴,你只需要放下手机陪他疯玩,不需要带有任何的教学目的。总之,就是用他最能接受的方式,怎么高兴怎么来。

老师曾教过一位八岁自闭孩子的妈妈如何进行高质量的亲子互动。

从早上起床开始,老师就让这位妈妈刻意制造出互动的情节:先拿着两件衣服,让孩子挑选一件自己喜欢的;在刷牙时,询问孩子是否喜欢这个牙膏的味道;早饭后,询问孩子更喜欢吃粥还是吃包子。

下午,带着孩子去超市买菜,主动问他:"儿子,苹果在哪啊?"(一定要选择孩子爱吃的水果)在找到苹果后,再对孩子说:"可以帮妈妈拿6个吗?"等到了收款台,妈妈又把钱交给孩子,让他把钱交到收银阿姨手中。

其实原理特别简单——互动生活化。

在掌握了训练方法后,这位妈妈每天调整互动内容,不到两个月的时间,孩子就掌握了基本的日常用语和交往方式。

第 17 计　自闭干预，父母三大必修课

### 三、社交能力训练

在孩子具备一定的语言能力，并与父母建立了基础的信任与依恋后，就可以逐渐扩展他们的社交圈子了。

可以带着孩子来到户外，在父母的陪同下，跟同龄的正常孩子一起玩耍。在看到孩子与他人积极互动时，要给予他充分的肯定和鼓励。让孩子认识到，这是一种能够收获夸奖的正确行为，渐渐地爱上社交。

2023 年 10 月，老师的课堂上来了一位 17 岁的自闭症少年。这个少年高高瘦瘦、眉清目秀，一眼看过去与其他孩子并无区别，但只要细心观察，就会发现他的特别之处。

比如，他的嘴里总是念念有词，和他说话时，他的目光永远落在别处。大家聚在一起时，他总会远远避开，在游乐园玩耍时，只有他坐在一旁发呆……

在那堂课上，老师把他请上了舞台，问他有没有自己喜欢做的事情。他用很小的声音回答："书法"。老师又问他，学了多久，练习什么字体，以后是否想从事和书法有关的工作等等。尽管他的表达并不清晰，老师还是耐心地倾听。

说起书法，他的声音明显越来越自信。接着，老师又鼓励他在舞台上展示自己的书法作品。尽管他还是低着头不敢看任何人的眼睛，但他还是赢得了全场的赞美和肯定。

那天的课程结束后，他问妈妈："妈，你怎么不早点带我来到这里？"

**教子兵法**

后来,只要老师有课,他都会过来参加。每次他都能收到很多鼓励,还有伙伴们满满的热情和善意。

2024年2月的徐州《王者之旅》上,他作为团队代表,参加了最后一天的演说PK。看着他手持麦克风,认真地讲解梦想PPT,并努力做到脱稿演讲时,老师忍不住红了眼眶。

说实话,他的改变给了老师极大的信心。因为打开一个自闭孩子的心,远比内向、自卑要困难太多。但是,我们做到了!

自闭症的孩子智商并没有问题,只是在培养他们的过程中,最好能从兴趣入手。父母们可以在孩子小的时候,有意识地发掘和培养,帮助孩子找到天才领域,就像这个爱好书法的少年一样。

这些孩子一旦拥有了兴趣爱好,就会全身心地钻研和投入,往往更容易有所成就。

## 本章小结

全社会都在说,自闭的孩子"来自星星",但老师知道,其实他们的父母才是最伟大的。

他们不仅要承担巨大的经济压力,也承受着常人难以想象的心理负担。在这里,老师要真诚地对你们说一句:"辛苦了!"

# 第18计

## 少年抑郁症，父母需要补的养育课

周老师说，抑郁有三种程度，分别是抑郁情绪、抑郁状态和抑郁症。抑郁情绪人人都会有，就像夏天阵雨，来得快去得也快。抑郁状态则是漫长而持续的雨季，长期让人感到烦躁和压抑。

在孩子处于前两个阶段时，很多家长认为这只是矫情，过段时间就好了。然而，当抑郁情绪频繁出现，抑郁状态无限延长，就会发展为抑郁症，严重影响到孩子的健康。

## 教子兵法

前不久，有位家长前来咨询，说他的孩子最近好像有点抑郁。我建议他高度重视，他却说："哪有那么多事儿，这不都是惯出来的毛病吗？咱们那时候条件那么差，都没听说谁得抑郁症，这孩子肯定过两天就好了。"

**家长们要明白一件事情——物质条件和精神状态之间并不呈正相关。也就是说，生活越来越富裕，精神未必会越来越富足。**

过去的人生活在熟人社会，大家做着差不多的工作，拥有差不多的人生。下了班，爸爸们就聚在一起喝喝茶、下下棋；吃完饭，妈妈们坐在院子里纳鞋底、织毛衣；一群知根知底的孩子每天玩在一起，跳皮筋、弹溜溜，烦恼的从来不是学习。大家并不富裕，却很少出现精神危机，许多人一辈子都没有离开过家乡，只是紧紧扎根在属于自己的那片土地。

现在的人生活在网络社会，接收着差异化的信息，父母和子女很难聊到一起。回到家，各自都默契地拿起手机，逛淘宝、玩游戏、听歌追剧、刷短视频，和朋友面对面的时间越来越少，沟通基本全靠微信。成年人忙着赚钱、忙着攀比，孩子们在一个个补课班之间疲于奔命，我们不停地在世界穿梭，时常忘了家在哪里。

**当人们远离了有温度的人际交往，精神世界里充斥着网络上的碎片化信息，就极易受到不良情绪的侵袭，给抑郁症、焦虑症可乘之机。**尤其是那些尚未具备成熟三观，长期承受

### 第 18 计　少年抑郁症，父母需要补的养育课

学习压力的青少年，他们的心理健康，必须得到父母的足够重视。

周老师建议，帮助孩子战胜抑郁，家长需要做好两件事：

#### 一、把恢复身心健康放在首位

许多父母在孩子确诊抑郁症后，咨询的第一个问题不是如何治疗，而是会不会耽误学习。抑郁症虽然看不见摸不着，但患者依然承受着巨大的痛苦和折磨。家长们一定要明白，现在的当务之急并不是学习，而是让孩子恢复健康。

一个山东的高一男孩在长期的学习压力之下患上了抑郁症，他对我说："老师，再这样下去我唯一的选择就是死亡，我不确定自己还能坚持多久。"

我问他，压力来自于哪里呢？他说是父母和学校。父母每天只对他说一句话："你就负责好好学习，别的什么都不用你管。"学校是优胜劣汰制，考得不好就会被停课、退学。

的确，外界的压力给了他不得不拼命学习的理由，但如果真的走到了死亡那一步，现在的努力还有什么意义？

我告诉他，从现在开始调整心态无非两种结果：一是心情放松反而学得更好，二是被学校淘汰，要么换一所学校，要么选择学习以外的其他出路。无论哪种结果，一定都比通往死亡的路更好。

**教子兵法**

### 二、给予无条件的理解和支持

抑郁症患者往往会感到世界冰冷、人生无望,他们太需要来自身边人的爱,尤其是父母。

父母们可能会说:"我们还不够爱吗?就差把命给孩子了!"老师相信,所有的父母都深爱着孩子,但是,你的爱孩子真的收到了吗?

请大家回想一下过往表达爱的方式,是不是厌学时的说教、拖拉时的愤怒、玩手机时的指责、考不好时的打击……似乎都长了"尖刺",在孩子心里划开了口子。

不妨从现在开始,放下对孩子的诸多要求,把爱孩子简单化。**记住这个公式:爱=无条件的理解和支持**。先让孩子感受到这个世界的美好和温度,再告诉他怎么和这个世界更好地相处。

## 本章小结

抑郁症是一种真实存在的疾病,不是太闲,更不是矫情。当察觉孩子出现抑郁情绪时,父母就要积极提供情绪价值并反思自己的教育方式。在已经发展为抑郁症时,更要及时治疗、高度配合和重视。

记住,心态阳光的父母,更容易给孩子有效的帮助。

### 第 18 计 少年抑郁症，父母需要补的养育课

可能引发孩子抑郁的因素有哪些？
如何避免这些因素对孩子的影响？

**课后思考**

# 第 19 计

## 提前发现孩子的"非自杀性"自残行为

周老师说,非自杀性自残行为就是反复用工具伤害身体,但只维持在皮肤表层的行为。其中,女孩自残的数量要高于男孩,他们的年龄普遍在13-16岁之间。

### 教子兵法

一个孩子告诉我,她会在父母睡着以后,把自己的房门锁死,拿出准备好的小刀和圆规,往自己的胳膊上一刀一刀地划。她还说,这个过程让她很舒服,让她感觉自己还活着。

这是一个16岁的女孩真实的表达。

不仅是她,很多青春期孩子都会出现类似的自残行为。主要原因有:

#### 一、情绪释放

当孩子处于崩溃边缘时,无尽的痛苦使他感到窒息又无处宣泄。他们发现,疼痛可以令自己变得清醒,也可以把内心的痛苦减轻。

有句话叫"痛并快乐着"。因为我们的身体会主动分泌多巴胺和内啡肽来缓解疼痛,所以许多内心痛苦的人,认为自己只有通过伤害自己的方式,才能获得短暂的愉悦感。

#### 二、报复心理

一些被父母、感情伤害过的孩子,会通过自残、自毁前程等方式报复对方,以寻求些许的情感补偿。但最后,往往是两败俱伤的结局。

#### 三、自我惩罚

有的孩子在意识到自己犯错后,会选择自我伤害的方式作为惩罚,以此宽恕和警醒自己。

## 第 19 计　提前发现孩子的"非自杀性"自残行为

比如，孩子知道抽烟不对、打架不对、网络成瘾不对，但他还是没把持住。每次做完这些事，都会感到深深的懊悔和自责，觉得对不起自己、对不起父母。他们只能通过自我惩罚，才能实现自我和解。

**四、博得关注**

老师一直认为，**自残与自杀最大的区别就是：自残的孩子希望自己能好好活下去，获得爱、获得关注、获得救赎。**

孩子的世界很小，父母亲人、老师同学就是全部。一旦感受到某一方的"恶意"，孩子就会觉得天都塌了。他们会想："或许，只有我伤害自己，他们才会来关心我吧。"于是，为了得到爱，不得不自我伤害。

但老师必须提醒大家，自残到自杀，是一个量变到质变的过程。自残就是孩子的"求救信号"，如果父母没有及时发现并干预，很可能发生无可挽回的悲剧。

那么，家长如何提前发现孩子的非自杀性自残行为？

**一、外在表现：**

1. 在网络上搜自残相关的词条；

2. 手腕处或者关节处出现纹身；

3. 会刻意将尖锐物品隐藏起来；

4. 身上出现不明原因的划痕，天热了却仍然穿着长袖，避免裸露胳膊与腿；

5. 手臂上突然出现腕带或者是手腕装饰物，且很少摘下。

## 二、内在表现：

1. 自我否定。在遇到失误、犯错或者没有达到自己预期目标时，孩子的第一反应就是"我太差了、我很笨、我什么都做不好……"不断陷入自责、自我厌恶的循环之中。

2. 自我孤立。觉得跟周围的人接触是一个负担，在人际交往面前感到压力，产生回避心态。

3. 自我放弃。什么事情都不想做，认为怎么努力都是没有用的。

周老师建议，如果你的孩子有这样的行为，且不止一次，请父母们理智对待、有效干预：

保持理智，这一点非常重要！有太多家长发现孩子有自伤行为，第一反应就是暴怒，然后对孩子施以语言或拳脚暴力，认为他们不孝、不自爱、不懂事。

老师请求各位家长，对我们的孩子多一些理解和宽容吧，不要因为他没有达到我们的预期，就把他打击得体无完肤。孩子出现自残行为，一定是心里积攒了太多痛苦无处排解。所以，父母们最重要的不是指出他的错误，而是给他指引一条明路。

在这一章的开头，老师提到了一个16岁女孩。这个女孩每次和同学、父母吵了架，就会偷偷关起房门伤害自己。

她给老师看了手臂上密密麻麻的伤痕，一一讲述了它们

## 第 19 计　提前发现孩子的"非自杀性"自残行为

背后的故事。那些伤疤触目惊心,可她却说她不后悔,因为在情绪崩溃的时候,除了自伤别无选择。

故事听完,我问她:"割伤自己的过程你害怕吗?疼吗?"

她说:"不害怕啊,在割伤自己的过程中,我只会感受到解脱,好像压力和痛苦都突然消失了。"

"老师很佩服你的勇气,也很认同自伤的减压效果。不过,如果你只是想摆脱痛苦和压力,老师还有一些更好的建议。比如说,打打沙袋、跑跑步,疯狂地打一次水仗,旅游、逛街、冥想、和老师倾诉,或者干脆大哭一场……总之,负面情绪只是暂时的,想要排解很简单,老师还有很多很多的方法让你开心起来,你都可以一一尝试。"

听了老师的话,她的眼睛一下子亮了起来。她说,这是第一次有人耐心听她说话,也是第一次有人告诉她,还有其他方法释放和减压。

半年后,她参加了老师的贵州《山水之旅》。那期课上,我们的第一个活动就是——打水仗。通过这个游戏,孩子们不仅充分释放了学习、生活压力,也实现了迅速破冰,很快就熟络起来。

### 教子兵法

和伙伴们游学的几天里,她的嘴角一直挂着笑容。她被真正的友谊温暖着,被大自然的美丽吸引着。她突然意识到,原来自己的世界不止是家和学校,还可以是整个中国,甚至整个宇宙。原来自己以前在意的,和父母之间的小吵小闹、和班级同学的几句口角、一两个人对自己的批评否定是多么地微不足道。

现在,她遇到情绪低落时,既可以向我们的辅导老师求助、倾诉,也可以从朋友那里得到安慰和帮助。前些天,她的妈妈打电话来报喜,说她已经考到了全班前十,而且从贵州回去近一年的时间,再没有自我伤害过。

## 本章小结

成年人经济独立、相对自由,有太多释放情绪的方法可

## 第19计 提前发现孩子的"非自杀性"自残行为

供选择。可孩子们，金钱、时间、感情、交友、思想、梦想……几乎一切都被父母和老师掌控着。除了自己的身体，他们什么都左右不了。这就是为什么，孩子们会纷纷将自残作为最佳的减压方式。

电视剧《家有儿女》的片尾曲中，有这样几句歌词："唠叨的话可以不可以不讲，给我一片自由自在同龄人广场。让我们自己创造也许会更好，不知不觉就会超过你们的想象。"

相信很多父母都听过，但，你是否做到了呢？

---
**课后作业**

请尊重孩子的选择，用协商代替要求。

# 第20计

## 孩子轻生怎么办？两招力挽狂澜！

周老师说，我国青少年轻生率位居全球第一，每年有约十万青少年选择轻生，平均每分钟有两人轻生，六人轻生未遂。

轻生已经成为我国青少年排名第二的死亡原因，仅次于意外事故死亡。

### 教子兵法

一位14岁的成都初中生在跳楼前写下了一封遗书,其中一段令老师印象深刻:"在初中的这几年内,我仿佛日子一天比一天还难过了。你往往看着我吊儿郎当,装神弄鬼,可是你不知道,我有多少次在床上翻来覆去地痛哭,失眠。你们都认为我朋友多,其实我多孤独的,你们以为我十分阳光,其实我在很多事方面心里都十分难受!"

当今时代,抑郁症在我国已经非常普遍。**社会快节奏的发展导致沉重的学习、工作和生活压力,让越来越多的人不堪重负,不止孩子,就连很多成年人也深受其害。**

在学校,孩子们学到了不少知识和技能,却没人教过他们如何应对焦虑和压力。面对如此惊人的轻生数据,还有无数孩子用生命表达的反抗与控诉,大部分家长却还是"稳坐钓鱼台",宁愿花心思去筛选最好的补课班,也不肯好好思考,如何为孩子营造宽松的成长和学习环境。

据统计,当前青少年自杀主要有四大原因,分别是学习压力、师生矛盾、错误的家庭教育和缺乏生命教育。而无论何种原因,导致的结果都是——孩子自我价值感低,认为自己的存在没有意义。

**自我价值感低的孩子,看待任何事物都是灰色的、负面的。他们的情绪没有起伏,始终处于非常低落的状态。**对他们而言,生活就像一望无尽的黑夜和永无止境的寒冬,活着了无生趣。

请父母们,尤其是初中以上孩子的父母们,在关注学习

## 第 20 计　孩子轻生怎么办？两招力挽狂澜！

成绩之余，时刻留意孩子的反常行为和情绪变化，做到及早发现，及早防备。

孩子轻生前一般有几个信号：

1. 失眠早醒；
2. 成绩极速下降；
3. 出现自残情况；
4. 常常否定自己；
5. 开始喜欢一个人独处；
6. 突然食欲不振或是暴饮暴食；
7. 在网络上搜索轻生相关信息；
8. 频繁发布负面信息，多次提到死亡、轻生等敏感话题。

当一半以上的信号频繁出现，说明孩子已经承受了极大的心理压力，随时可能因为一件小事产生轻生念头。

心理学上有一个概念叫做"身心容纳之窗"，是说我们每个人都有自己的身心可承受范围。当情绪在可承受范围之内，一个人可以理性地面对困难、解决问题。当压力持续增加，突破了"容纳之窗"，人的情绪调节功能就会失衡，进入高度激发状态，出现失眠、焦躁、冲动、易怒等情况。这个时候，只需要一件毫不起眼的小事，比如被父母训斥、被老师批评、同学的一句玩笑等等，都会让孩子心理崩溃，导致冲动型轻生。青春期孩子的轻生行为大都属于这一类。

还有一种情况，就是过低激发状态，表现为持续性的情

### 教子兵法

绪低迷，也就是抑郁。抑郁症患者的脑海中，每天会出现无数次轻生的念头，可怕的是，他们随时有可能付诸行动。

周老师建议，当孩子出现轻生倾向，请家长们做好这两点：

#### 一、早发现早疏导

无论是冲动型轻生，还是抑郁型轻生，孩子都积攒了很久的心理压力，相信父母们都能从孩子的情绪或行为中察觉到异样。然而，悲剧还是一而再再而三地发生，说明家长们在疏导上出了差错。

在老师指导过的家长中，能做到理智应对的非常少。大部分家长，不是没当回事，就是反应过度。在这里老师想告诉大家，孩子的思维模式和生活模式比较单一，只要问题没从源头解决，都会持续发酵，尤其是心理问题。对此，家长必须给予足够重视，并做到保持冷静，弄清让孩子产生自杀倾向的根本原因。

前阵子，有位妈妈非常急切地找到老师，说她的女儿已经多次流露出自杀情绪。前几次她都没在意，以为女儿就是随口说说，她也没好气地回复："作什么作，好好活着得了。"昨天，女儿学校有个男孩跳楼自杀，聊起这件事时，女儿突然说了一句："真好啊，我好羡慕他。"她这才意识到不对，开始紧张起来。

老师告诉这位妈妈，这个时候千万要保持冷静，尤其不能一通批评和说教。可以在女儿下次提起相关话题，或是由

## 第 20 计　孩子轻生怎么办？两招力挽狂澜！

她刻意制造一次谈话时，用"理性分析"打消她这个不成熟的念头。

当天晚饭时，她就实践了老师的方法，在女儿面前念了一条关于学生跳楼的新闻。女儿听完，问妈妈："跳楼是不是很疼？跳下去是不是再也没有烦恼了？"

妈妈叹了口气，用极温柔的语气回答："跳下去当然非常疼。而且，一般情况下，跳楼并不能立马就死，还要痛苦挣扎好久。有的人没有死成，变成了植物人或者重度残疾，一辈子都生不如死。我还看到过，人们围聚在尸体旁边指指点点，他们不知道这个孩子生前经历了怎样的痛苦和压力，只会说他脆弱、不负责任、对不起父母，想想都替他委屈，怎么会没有烦恼呢？如果想真的没有烦恼，那就得先把烦恼解决，到那时再去死才能毫无遗憾啊！"

说完这些话，妈妈又借机了解了女儿想要自杀的原因。女儿说，是因为学习压力太大，数学和物理怎么都听不懂。高一前自己还能维持在班级前几，上了高二以后就掉到了十名开外，怎么都撑不上去。现在，她总觉得有人在嘲笑她，老师也看不起她，在班里根本抬不起头来，完全没有心思学习。最近一次考试的成绩下降，又给她再一次的打击，让她对学习、对自己、对人生彻底失去了信心。

了解情况后，老师建议这位妈妈给孩子找一位擅长鼓励且经验丰富的补习老师，帮助孩子攻克学习难关。（因为孩子轻生的根源出在成绩上，如果是其他原因，请大家找到对应章节寻求针对性解答。）

## 教子兵法

最终,孩子认可了这个解决方案,在妈妈的支持和陪伴下,学习成绩逐渐提高,自信心越来越足,不再有自杀情绪。

### 二、提供价值很重要

无价值感是一种自挫性情绪,被这种情绪困扰的人,会没完没了地自我批评,无法悦纳自己。帮助这些孩子,老师常用的是两种方法:

#### 1. 充分肯定

对于产生过轻生念头的孩子,我们要尽可能地找各种理由去夸奖他们,肯定他们的存在价值。哪怕再小、再离谱的理由都没关系,只要你足够真诚。

修复价值感就像补充胶原蛋白一样。要先坚持吃一段时间把流失的补回来,再坚持吃一段时间抵消每天的流失量,并不断坚持、不断接近年轻时期的胶原蛋白含量。

那些价值感极低的孩子,在刚收获肯定时,依然会觉得自己受之有愧,但只要足够坚持,总能让他们找回自信和力量。

#### 2. 帮助他人

我们总是觉得自己不够幸福,直到看到了比自己更需要关爱的人。

老师一直在捐助贫困山区的失学儿童,也经常会带一些孩子到贫困山区里看一看真正艰苦的生活。

许多山区里的孩子,没有父母陪在身边,穷到家徒四壁。他们没有手机,没有堆积如山的零食、衣服和玩具,不能天

第 20 计　孩子轻生怎么办？两招力挽狂澜！

天吃到水果，无法想象随时能吃到汉堡、炸鸡是怎样的生活。他们做梦都盼着好好学习考上大学，然后走出大山，留在城市里生活……

看到一双双对未来充满渴望的眼睛，我们的孩子深受触动。他们立志，要早日出人头地，和老师一起帮助贫困山区的孩子们找到梦想、实现人生价值！

# 本章小结

生命教育的长期缺席，让孩子们不知道生命的宝贵，不知道爱惜自己的生命。

可是，怎样进行生命教育呢？一部外国的宣传片给了我们最好的答案：

有个小男孩问妈妈，自己的生命价值是多少？妈妈没有立刻回答他，而是给了他一颗钻石，让他出门问问其他人钻石的价值。男孩先是问了一位水果店老板，老板他也不知道，但可以给他一根香蕉；男孩又问了博物馆的工作人员，可是他们说不需要这个；接着他又问了一位珠宝商，得到了无价之宝的答案。小男孩非常疑惑，为什么每个人都给出了不同的答案？

妈妈告诉他：人们会基于自己的观点来评价你，但不能改变你是无价的这个事实。记住，和珍视你的人在一起，就像珠宝商珍视钻石一样。

也请大家这样告诉我们的孩子。

教子兵法

# 后记

就在我创作这本书的过程当中,那些抱着"养个孩子能有多难"的想法,每天欢欢喜喜晒娃的小姐妹们,纷纷迎来了孩子成长的第一个叛逆期。我们的聊天内容也在不知不觉中,从催我结婚生子到羡慕起我的自由随性,以及向我请教如何带娃。

都说"养儿方知父母恩",我想说,养儿才知做父母有多难。饶是如此,大部分父母最关心的仍是赚钱门道,愿意花时间陪伴孩子、花心思琢磨亲子教育的父母屈指可数。

的确,培养孩子绕不开诸多现实因素,父母们的难处我们能够体谅。为了帮助大家,快速掌握教子的核心技法,有能力应对不断出现的问题和变化,周老师想到了一个绝佳方案——写一本内容最全、跨度最大、篇幅最短的"青少年教育百科全书"。

彼时的我,正打算从体制内辞职,从事全职写作。周

## 第 20 计 后记

老师知道后，毫不犹豫地将自己精研二十余年的理论成果及《教子兵法》的创作大纲分享给我，竭尽全力地助我实现梦想。

有了周老师的专业加持，再加上曾带领上千家庭跟随周老师游学的一线教育经验，我大胆执笔，在恩师的指导下完成了这部作品。但无论如何，《教子兵法》的第一作者必须是周老师，也只能是周老师。

这本书的顺利完成还要感谢很多人：

感谢可心老师的两度知遇之恩；感谢张蕾老师，我的事业领路人；感谢侯老师和杨教官，六年多的提点与关怀；感谢我可爱的同事们，给予我无数的帮助和温暖。

还要感谢我的挚友和家人，给我任性的勇气和力量，让我心无旁骛地追求梦想。

所幸，我不曾荒废时光，早已活成了自己喜欢的模样。

提笔时海棠初绽，搁笔时蓝楹灿灿。属于这本书的故事即将落幕，但我们，仍行走在青少年教育的道路上，永不止步。

14年时间，我们走过了呼伦贝尔、西双版纳、哈尔滨、长白山、长春、北京、承德、青岛、曲阜、潍坊、泰安、徐州、苏州、杭州、南京、郑州、桂林、昆明、厦门……未来，我们还将与更多家庭一起，去看看伟人诞生的湖南、开满樱花的武汉、四面环海的台湾，去看看山城重庆、古都西安，踏遍祖国大好河山。我们也会走出国门，去曼谷体验一万次的盛夏，去加州看坠入深海的晚霞，去意大利探寻神秘的罗马，

### 教子兵法

去看看生而平凡的我们,如何在人生的旅途中,书写生命的灿烂!

感谢每一位读到这里的人。

期待能在未来的某一站,与你相见。

闫格

2024 年 4 月 25 日

www.ingramcontent.com/pod-product-compliance
Lightning Source LLC
Chambersburg PA
CBHW011130070526
44583CB00023B/2979